NATIONAL GEOGRAPHIC

美国国家地理全球史

世界大战

Fioflenmanover 1903

The World Wars

美国国家地理学会 编著　邵倩兰 刘晓云 译

中国出版集团 现代出版社

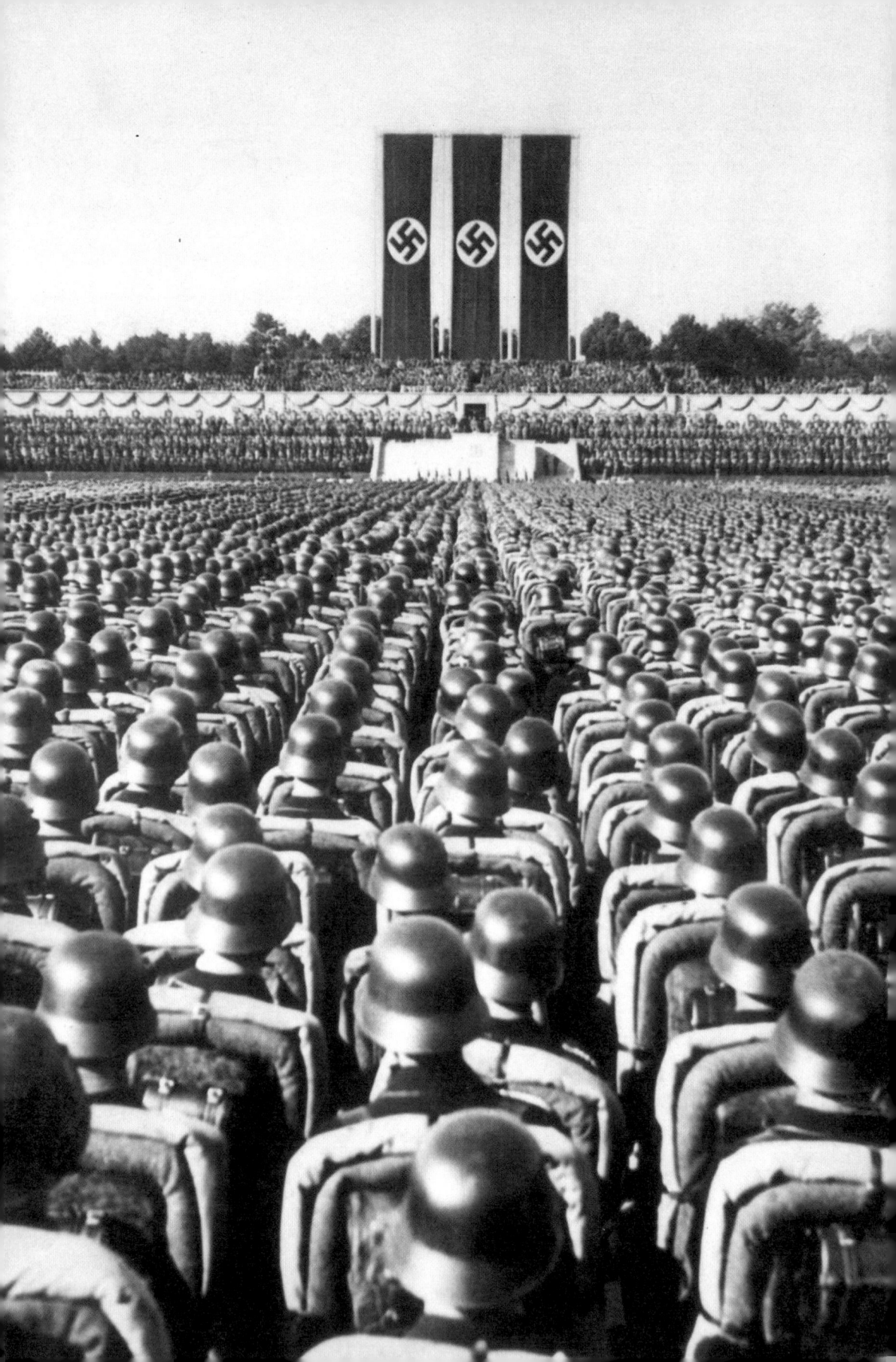

目　录

插图（第2页）　第一次世界大战期间，战壕中的法国士兵。

插图（第4页—第5页）　1917年，布尔什维克向彼得格勒的冬宫发起进攻。

插图（第6页）　1936年，民族社会主义德国工人党[1]（NSDAP）大会期间，纽伦堡的国家社会主义集会被设计成了一场元首崇拜的表演。

---

　　[1] 民族社会主义德国工人党即纳粹党。——译者注

概　述

1848 年 12 月 12 日，18 岁的弗朗茨·约瑟夫一世登上了奥地利帝国皇帝的宝座。当时，电力、内燃机、电话、电影、汽车、飞机、潜艇、战舰，意大利、德国，普选，阿司匹林，以及社会党国际还不存在。美国还没有征服蛮荒的西部，而在日本，武士们还在用刀作战。军装色彩缤纷，骑兵仍然令人望而生畏。俄国沙皇、奥斯曼帝国苏丹、中国皇帝，以及奥地利统治者，都已统治了上千年。弗朗茨·约瑟夫于 1916 年 11 月 21 日逝世时，这个"旧世界"已荡然无存。科学技术改变了数百万人的生活，但老皇帝的生活却没有改变，他仍然留恋过去的时代，从未曾支持过电灯和电话。帝国主义的竞争导致了第一次世界大战的爆发，在这场无休止的杀戮中，工业力量起到了决定性的作用，机枪、大炮和坦克无处不在。弗朗茨·约瑟夫死于"一战"期间，因此他并没有目睹自己的帝国及沙俄、奥斯曼帝国的溃败，而这些帝国在他死后仅仅两年，就彻底翻开了 20 世纪的新篇章。在废墟中崛起的新欧洲，多重民族和阶级仇恨削弱了自由民主制，并催生了新的群众运动：沙俄解体后产生的共产主义，以及战后由不满情绪催生的法西斯主义。大萧条加剧了社会对立，导致了这些运动的扩张，并使德国在 1933 年进入纳粹掌权时代。（德意志）第三帝国的扩张，加上意大利和日本的扩张，终于点燃了第二次世界大战的导火索，并最终结束了欧洲统治。战争的两个最大赢家——美国和苏联——进入了分庭抗礼的时代。

插图（第8页—第9页）　1937年5月，德国飞艇兴登堡号在纽约市上空飞行。

插图（第10页）　1943年5月，华沙犹太区起义期间逮捕犹太人；镇压起义的德国将军于尔根·斯特普发给海因里希·希姆莱一系列照片，该照片为其中之一。持枪的党卫军是约瑟夫·布罗切，1969年他因战争罪被判处死刑。

Krieg im Frieden

II
Flottenmanöver 1903

帝国间的对抗

20 世纪初，威廉二世统治下的德国渴望成为一个世界强国。在群众政治兴起、民族主义加剧、欧洲分裂为两个对立联盟（三国联盟和三国协约）的时代，这种野心是极其危险的。这样紧张的局势后来在巴尔干半岛爆发，奥斯曼帝国的灭亡将它变成了欧洲大陆的"火药桶"。

1900 年，巴黎世博会接待了总计 5000 万参观者，游客们见识了一个又一个惊喜。他们既可以欣赏到加州金矿和法老陵墓的复制品，又可以沉浸在现代化的汪洋大海中，探索数不清的技术创新。他们通过电影目睹了齐柏林飞艇的首飞、刚问世的最新款的汽车，以及达到 120km/h 惊人时速的德国机车。军事领域有闪闪发光的机关枪、鱼雷和装甲车，显示了科学进步的黑暗面；这些游客中的许多人在不久的将来就会被这些武器杀害。然而，最佳发明非"电气仙子"莫属。正是因为有了

20 世纪初的世界

1903年

巴拿马

美国支持巴拿马独立，美国船队通过巴拿马运河通往世界各地。

1904年

《友好协议》

面对德国的海军重整和帝国主义，法国和英国签署了友好协议。

1905年

俄国革命和日俄战争

沙皇主义的民主化失败：俄国战败。

1907年

英俄协定

该条约确定了英国和俄国在亚洲的势力范围。

1911年

第二次摩洛哥危机

1906年阿尔赫西拉斯会议后，第一次摩洛哥危机表面被平息，法德两国对立。

1912—1913年

第一次和第二次巴尔干战争

奥斯曼人从巴尔干半岛撤军。阿尔巴尼亚建立。塞尔维亚是巴尔干半岛地区的第一强国。

美国，新的乐土

1900 年，全球人口超过 15 亿。1.33 亿人生活在非洲，9.47 亿人生活在亚洲，1.56 亿人生活在美洲，4.08 亿人生活在欧洲。1914 年，尽管有不少人移居到其他大陆，但欧洲仍有 4.5 亿居民。

过去，在欧洲的农业贫瘠区，如意大利的梅佐乔诺、爱尔兰、奥地利的加利西亚或乌克兰，有大量人口迁出。这次，迁徙的规模尤其庞大：1900 年至 1920 年，超过 500 万意大利人离开了祖国，前往蓬勃发展中的"新欧洲"：澳大利亚、拉丁美洲、加拿大，尤其是美国。1880 年至 1921 年，美国的工业扩张和西部的殖民化吸引了 2300 多万移民。大多数人通过纽约进入美国：一到港口，他们就被带到埃利斯岛，在那里接受检查，有疾病的人会被遣返。

插图 在埃利斯岛等待检查的移民。

电，才能用电话通话，才会照亮展馆，在展览馆花园里的瀑布和喷泉处修建灯光投影，并通过刚刚开通的地铁带来游客。也正是因为有了电，人们才能毫不费力地在"未来街"上漫步。"未来街"是一座长约 3.5 千米的高架桥，有两条传送带，路人无须行走便能前行，走在上面的人们都惊叹不已。

这次世博会以一种简明扼要的方式展现了一个已经开始的未来，揭示了全球经济的巨大转变，这种转变影响了社会结构和国际关系。以煤和蒸汽为能源，以纺织和冶金为经济增长引擎的第一次工业革命使英国获得了经济霸权。

但这个工业时代已成为过去：19 世纪末，第二次工业革命爆发，这一次是基于石油、电力、钢铁和有机化学。

从第二次工业革命爆发到 1914 年，这四项产业为世界经济注入了巨大的动力，使美国、德国和法国得以迅速发展，与英国一起成为世界四大工业经济体。由于英国的经济增长速度低于其他三国，最后不得不把老大的位置让位给美国，美国则一跃成为世界第一工业强国。1913 年，美国的钢铁产量相当于英国、德国和法国的总和，石油产量占世界总产量的 65%。排名第二的是德国。1900 年，德国钢铁产量超过了英国，1914 年，其电力产量几乎是英国的 3

自由女神像

自由女神像，又名"自由照耀世界"，建造于 1886 年，位于纽约港对面的埃利斯岛附近的一个小岛上，对许多移民来说，这是他们对美国的第一印象。

15

倍，占世界总产量的30%。此外，德国还拥有世界上最大的化学产业。

资产阶级和无产阶级

第一次世界大战前夕，许多欧洲人都认为生活很美好，巨大的工业扩张带来了大量的就业机会和财富，科学和技术的创新延长了人类的寿命，使欧洲的生活更加舒适。从1870年法国和普鲁士发生战争以后，大国之间从未发生过战争。一切都井然有序，资产阶级这一满足的、不断扩大的阶级普遍持乐观主义态度。奥地利作家斯蒂芬·茨威格在他的《昨日的世界》一书中出色地描绘了1914年之前的社会："从前那些充满战争、饥荒和动乱的时代，是令人嗤之以鼻的幼稚和无知的时代。而现在，人们只用几十年的时间就将一切罪恶和暴力消灭得无影无踪，这种持续发展的'进步'是势不可当的，是那个时代的真正的信仰。人们相信这种'进步'甚于相信《圣经》，因为这种信念正在被日新月异的科学技术的奇迹所证实。"

资产阶级并不是唯一信仰科学进步的人，工人解放运动也有同感。根据马克思（1883年去世）的理论，资本主义的矛盾将不可避免地导致社会主义的兴起：经济大权将掌握在少数人手中，而工人阶级将持续增长，直至最终战胜资产阶级、建立无产阶级专政、走向社会主义。德国社会民主党（社民党）及第二国际（社会主义国际）内部——1889年创立的第一国际为第二国际的建立发挥了至关重要的作用，下达了领导人威廉·李卜克内西和卡尔·考茨基的论点：无产阶级必须团结起来，组成一个政党，在社会主义到来之前领导资产阶级议会制度中的政治斗争，然后领导社会主义社会的建设。与此同时，革命被推迟了。这种社会主义模式在维克多·阿德勒领导下的奥地利得到了贯彻；在意大利，由菲利波·图拉蒂贯彻实施；在西班牙，则是由工人社会党的巴勃罗·伊格莱西亚斯贯彻实施；而在法国，1905年，由儒勒·盖德和让·乔雷斯领导的正统的和改良的马克思主义派别合并，形成了国际工人组织法国分部。

这些马克思主义团体和国际团体反对修正主义学说——其中最著名的理论家是

有罪还是无辜？分裂法国的德雷福斯事件

1894 年，犹太裔法国上尉阿尔弗雷德·德雷福斯被军事法庭判处有罪，罪名是通过匿名便签向德国提供军事情报。事实上，这封信为一名匈牙利裔军官所写，但经军方授意后，军事法庭最终将该名军官无罪释放。

作家爱弥尔·左拉发表了他那篇著名的抨击文章——《我控诉》，呼吁重审对德雷福斯的审判。法国被分成了两派：一方是君主主义、民族主义、天主教和暴力反犹主义的右翼，以爱德华·德鲁蒙特和他的报纸《言论自由》为代表；另一方则是激进的共和党人（如乔治·克莱蒙梭或皮埃尔·瓦尔德克·卢梭）和社会党人（如让·乔雷斯，以及左拉、阿纳托利·弗朗斯或马塞尔·普鲁斯特等名人）。德雷福斯事件变成了一场巨大的政治斗争。用反犹太作家莫里斯·巴雷斯的话来说：如今，是两个党派的对立，一方呼喊着"打倒国家"，另一方则呼喊"军队万岁"。这种情形之下，诞生了一个新词——"知识分子"，用来指代那些要求重审德雷福斯案的作家和老师。这场论战帮助激进派和社会党在 1902 年的选举中获胜，1906 年，最高法院撤销原判，宣布德雷福斯无罪。

插图 当时代表德雷福斯的漫画《叛徒！》

德国的爱德华·伯恩斯坦。他建议彻底忘记革命，与资产阶级的激进势力合作，从内部进行资本主义改革。而在俄国，随着 1903 年社会民主党的分裂，社会主义明显被划分为好几个派别：一方面，由列宁领导的布尔什维克派（多数派），主张革命和中央集权；另一方面，则是孟什维克派（少数派），主张先建立资产阶级民主制，再建立社会主义制度。

工人阶级建立了其他的行动模式。英国成立了工会，工会成员投票给自由党，以推动有利于工人的改革。

英国的社会主义奉行实用性，不遵循阶级斗争的逻辑。另一些人则持不同观点，正如乔治斯·索黑尔在其颇具影响力的著作《论暴力》（1906）中所述，有些人主张采取"直接行动"，举行大罢工，以结束资产阶级统治。这些思想构成了革命工会主义的基础。在法国，社会主义得益于总工会这一大规模传播平台，它还对西班牙"无政府主义"产生了深远的影响，该组织于1911年创立了西班牙国家劳工联合会。

在这些不同的派系中，马克思的社会主义成为欧洲最重要的力量。他把群众塑造成政治生活的主角，群众的崛起对民主的进步起到了决定性的作用。但是，马克思的社会主义提倡社会正义和无产阶级国际主义，鼓励所有国家的工人团结起来反对资本主义，渐渐地，出现了一些反对他的声音，尤其是民族主义。

种族主义和反犹主义

在第一次世界大战前的30年里，民族主义极度盛行，以至于一些历史学家认为这是导致战争的主要原因。国家间的领土争端、工业和帝国主义扩张所造成的紧张局势，以及资本主义经济和大众政治的进步激起的某些社会阶层的恐惧，助长了一种咄咄逼人的、专制和排外的民族主义情绪。这种民族主义是在国际社会主义兴起、右派表现出更强的爱国主义的时代背景下发展起来的。

在法国，1871年对普鲁士的战败激起了洛林·雷蒙德·庞加莱等政治家的复仇欲望。庞加莱于1912年当选议会主席，1913年当选法兰西共和国总统。这种反德的民族主义与莫里斯·巴雷斯或是查尔斯·毛拉斯等知识分子的反民主主义、传统主义和反犹太民族主义并存。反犹主义在德雷福斯事件中广为散播。这起错误地指控一名犹太裔士兵充当德国间谍的案件引起了极大的争议，在1894年至1906年将法国分为两派。法德边界的另一边，德意志帝国已经是世界第二大工业强国，皇帝威廉二世希望他的国家变成"阳光普照的地方"。这一愿望激起的帝国主义企图，面对英法两国屡屡受挫，极大地刺激了以"泛日耳曼同盟"（Alldeutschtum，成立于1891年）为代表的军国主义和扩张民族主义。该联盟主张团结从法国香槟地区

1904 年威廉二世在柏林

  威廉二世在德国首都国王广场为阿尔布雷希特·冯·罗恩纪念碑揭幕。19 世纪 60 年代，阿尔布雷希特·冯·罗恩对普鲁士军队进行了改革，使其成为欧洲大陆最强的军事力量。1871 年，普鲁士王国首相俾斯麦战胜了奥地利和法国，建立了德意志帝国，威廉一世成为德意志帝国的君主，俾斯麦任德意志帝国宰相兼普鲁士首相。但俾斯麦实际上是个独裁者，威廉一世的小儿子威廉二世希望摆脱其束缚，迫使俾斯麦辞职。但威廉二世没有俾斯麦那样的外交才能，他咄咄逼人的外交政策是第一次世界大战爆发的主要原因之一。

巴勒斯坦之家：犹太复国主义的诞生

　　20 世纪初的民族主义是以一种独特的方式表现出来的，它就是"犹太复国主义"，又叫"锡安主义"（锡安，即耶路撒冷）。它主张建立一个犹太国家。这一运动出现在 1881 年和 1882 年的俄国大屠杀之后，当时亚历山大二世遭到暗杀，犹太人因此受到指控。

　　俄国的迫害导致犹太学生成立了"锡安热爱者"和"比鲁"组织，这两个组织促进了第一批犹太人移民到巴勒斯坦。这场运动在 1896 年《犹太人之国》出版后，规模逐渐扩大。奥匈帝国的犹太记者西奥多·赫茨尔曾参加过巴黎德雷福斯案的审判，试图找到犹太人问题的答案。鉴于反犹主义正在欧洲蔓延，赫茨尔提议建立一个独立的犹太国家。为了实现这一目标，他发起了犹太复国主义大会，创建了世界犹太复国主义组织（1897 年），并设立了一项基金用以购买巴勒斯坦的土地（1901 年）。1903 年，在基什涅夫（今摩尔多瓦）发生的一场大屠杀促使英国政府向赫茨尔提议割让一部分英属东非的土地。1905 年召开的第七届犹太复国主义者大会决定拒绝任何替代巴勒斯坦的提议。随着俄国暴力事件的发生，世界犹太复国主义组织的犹太人数量也随之增加：巴勒斯坦的犹太人数量，从 1880 年的 2 万人左右，增加到了 1914 年的 6 万至 8.5 万人。1917 年，犹太复国主义得到了国际社会的支持，英国政府发表《贝尔福宣言》，宣布支持"在巴勒斯坦建立犹太人的民族家园"，日后的以色列便是以此为基础建立起来的。

第十届犹太复国主义大会在《世界报》上的宣言

　　赫茨尔创办了维也纳周报《世界报》来宣传他的思想。为了使犹太复国主义成为欧洲和美国根深蒂固的群众运动，犹太复国主义大会功不可没。

到乌克兰的所有拥有日耳曼血统的人民，建立"大日耳曼帝国"。这一概念超越了"大德意志"的概念，后者主张建立一个包括德国和奥地利在内的"大德国"。"泛日耳曼同盟"所代表的民族主义充满了种族主义：不仅希望统一领土和语言，还包括统一种族。联盟希望，国界之内只有一个"种族"。这一概念还可以在其他意识形态中找到，如"大塞尔维亚"的"泛斯拉夫主义"，正是它导致了第一次世界大战的爆发，或者是希腊民族主义提出的"伟大理想"，梦想建成一个"大希腊"，以拜占庭旧都君士坦丁堡、今伊斯坦布尔为首都，抑或"泛乌拉阿尔泰主义"，使所有亚洲土耳其民族加入奥斯曼帝国，并迫使斯拉夫人、希腊人和亚美尼亚人融入土耳其文化。

漫画《"停止对犹太人的压迫！"》

美国总统西奥多·罗斯福敦促俄国沙皇尼古拉二世停止在沙俄迫害犹太人。这幅漫画展现的是1903 年4 月基什内夫的大屠杀：三天的暴力行径导致近50 人死亡，600 人受伤，700 多座房屋被毁。

好莱坞，美国梦工厂

第一次世界大战前，电影行业由法国百代电影公司主导：1908 年，在北美尼克罗顿国际儿童频道播放的影片中，30% ~ 50% 由百代公司制作。"一战"结束后，电影行业变成了美国人的天下：在法国上映的电影中，一半为进口，美国是最大的进口国。同时，美国还占领了 60% 的英国市场。美国电影的成功在一定程度上要归功于强大的北美明星体系，演员们成功地塑造了一个又一个经典的荧幕形象：英雄（道格拉斯·费尔班克斯）或拉丁情人（鲁道夫·瓦伦蒂诺），美国甜心（玛丽·毕克馥）或流浪汉（查尔斯·卓别林）。对于工人阶级和中产阶级下层的观众来说，这些形象很容易使他们产生共鸣，在这些角色中人们可以看到自己的影子。电影，以其低廉的价格，成为这些社会群体的主要娱乐活动。1912 年到 1920 年，来自欧洲的犹太移民在好莱坞建立了几家大型电影制作公司，造就了大量明星，而加利福尼亚的好天气则保证了良好的拍摄光线。右图为卓别林《寻子遇仙记》（1921）。

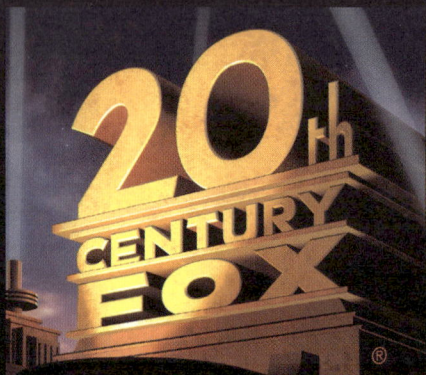

20 世纪福克斯电影公司的标志

该公司由出生于匈牙利犹太家庭的威廉·福克斯于 1915 年创立，是好莱坞最著名的电影公司之一。

一切尽在不言中：一种新的电影语言

无声电影使用"蒙太奇"剪辑手法，用一系列的图像代替对话、传递信息。这一全新的电影语言由两位杰出的导演创造：大卫·格里菲斯和谢尔盖·艾森斯坦。美国人大卫·格里菲斯在1915年为纪念南北战争而拍摄的《一个国家的诞生》中，首次使用了前景、平行动作、闪回和景深的手法。苏联人谢尔盖·艾森斯坦在俄国1905年革命20周年献礼影片《战舰波将金号》（1925）中，大量使用了创新的电影剪辑手法，结合了类似纪录片的写实主义与象征主义，阴影、目光赋予主角（如水手、士兵、群众等）悲剧色彩，与好莱坞传统的叙事场景和明星主角相去甚远。**插图**：上图，丽莲·吉许《一个国家的诞生》。

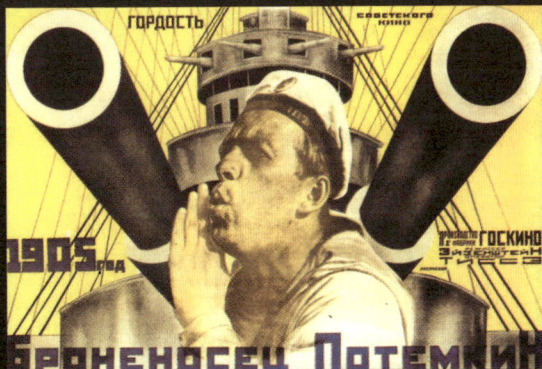

《战舰波将金号》海报 (1925)　艾森斯坦通过这部电影，重现了1905年6月俄国战舰上的水手们因军官虐待而发生叛变的事件。

以征服少数民族（如泛日耳曼同盟的斯拉夫人）为目的的种族民族主义是当时的代表，其特点是种族主义理论的爆发和"社会达尔文主义"的勃兴。"社会达尔文主义"将查尔斯·达尔文1859年提出的"自然选择"生物学理论应用到了社会中。它认为，个人、社会阶层、国家和种族正在进行一场适者生存的斗争。这些理论被用来作为反对社会主义的论据，认为社会和经济竞争通过给予最有能力的人优先权是有益的。"自然选择"理论还支持种族主义和帝国主义，如认为盎格鲁–撒克逊人所谓的文明使命其实是北方种族在智力和精神上至高无上的表现。此外，这种意识形态还为反犹主义提供了依据。英国人休斯顿·斯图尔特·张伯伦在他的著作《19世纪的基础》（1899）中，以"种族主义"的论点和"社会达尔文主义"的假设来阐释了历史：他将其描述为一场种族间的斗争，即文明的创造者雅利安人与破坏者赛米特人之间的对抗。

另外，在中欧和东欧，反犹主义无须任何科学理论支撑就得到了蓬勃发展。资本主义的破坏性发展，使农民、手工业者和小商人无产阶级化，而被视为银行家或贷款人的犹太人，则成为新的破坏经济秩序的象征。德国社会民主党人奥古斯特·倍倍尔将反犹主义定义为"白痴的社会主义"。然而，反犹主义成了一种强大的政治武器，是中产阶级政治运动意识形态背景的一部分，如由卡尔·吕格尔领导的基督教社会主义党开展的政治运动，卡尔·吕格尔曾在1897年至1910年担任维也纳市长。

卡尔·吕格尔的反犹言论对年轻的阿道夫·希特勒产生了重大影响。希特勒在奥地利小镇林茨生活了一段时间后，于1908年至1913年居住在维也纳。他在《我的奋斗》中写道："某天，当我穿过这座古城时，突然遇到一个穿着长袍、留着黑发的人。他也是犹太人吗？这是我的第一个想法。在林茨，我未曾见过这样的人。我小心翼翼地、仔细地观察着这个人，但我越是看着那张陌生的脸，越是仔细地观察着他的每一个特征，我脑子里回荡的第一个问题就越呈现出另一种形式：他也是德国人吗？”因此，在日耳曼领土上，反犹主义、民族主义和种族主义开始危险地糅合在一起。表现之一就是德国民族主义运动的兴起，这是一种民粹主义和民俗的混合体，认为日耳曼人是一种精神和种族团体，根植于日耳曼民族的过去。该运动的许多参与者后来构成了纳粹的基础。

还有另一种民族主义——请愿派，他们要求对陈旧落后的国家结构进行现代化改造。爱尔兰的情况就是这样，当自由党宣布愿意给予爱尔兰一定程度的自治时，英国却爆发了一场严重的政治危机。在西班牙，萨比诺·阿拉纳创建了巴斯克民族主义，同时出现的还有加泰罗尼亚民族主义，后者在废除复辟时期建立起的陈旧的政治制度的过程中起到了决定性作用。在奥匈帝国，捷克主张让非民族主义政党——无论是天主教政党还是社会党——都进入奥地利议会，以打破民族集团之间的对抗势头，此举遭到德国反对，成为1907年实行普选的原因之一。

民主的进步

西方国家的经济成功和国际声望的提高似乎总是伴随着议会制度的改革。因此，1889年，明治时代的日本开始了现代化进程，这个有着千年历史的帝制政府开始实行议会制君主立宪制。这一变革使日本融入了国际社会。与日本相反，俄皇拒绝接受任何形式的宪政。1905年，日俄大战中日本大胜，这似乎证实了绝对君主制是进步的障碍。甚至在古老的奥斯曼帝国，1908年的一场革命也导致了议会制度的实施。

在欧洲，群众的压力迫使议会制度变得更加民主：普选允许越来越多的人投票，而新闻自由和结社自由也不断扩大。这些进步是社会主义行动和新兴中产阶级共同作用的结果。自由职业、商人和小土地所有者推动了激进派的运动，如法国的共和党、激进派和激进社会主义党、英国自由党左翼或意大利激进派。这些运动，倾向于推行政教分离和现代化，对社会权利的扩大（包括承认罢工权）、国家对社会问题的干预（发展初等教育、建立失业和医疗保险及养老金制度）以及实施必要的税

在改革和革命之间：德国社会民主党

在 1890 年 2 月的议会选举中，刚刚摆脱俾斯麦秘密统治的德国社会民主党获得了 140 多万张选票，占总数的 19.7%。

从 1890 年开始，德国社会民主党不断壮大。在 1912 年的选举中，赢得了 450 万张选票，占总数的 34.8%，成为国会的主要政治力量。当时，社会党拥有 170 万成员，出版的 90 多份报纸是该党重要的政治和社会机器的一部分。此外，还包括工会（1914 年，几乎 85% 的德国工会会员是社会党人）、合作社和文化机构，如免费的柏林大众剧院。社会民主党是欧洲最大的群众党。该党虽然声称革命是主要目标，但在政治实践中却奉行改良主义。究其原因，主要是党内官僚主义严重：社民党官员的平均工资约为 3000 马克，是德国平均工资的两倍。在 1912 年的选举中，55 名社民党候选人是该党纸媒的记者。和许多技术工人一样，这些党政官员不愿意以革命的名义牺牲自己舒适的生活。社民党内，改良派占多数，他们不愿通过革命改变这个国家及其资本主义制度。受 1905 年俄国革命的影响，在罗莎·卢森堡、卡尔·李卜克内西、克拉拉·蔡特金、弗朗茨·梅林领导的队伍中，渐渐出现了一种革命倾向，他们在 1914 年的投票中拒绝战争拨款，并参加了德国共产党。

插图 克拉拉·蔡特金（左）手挽罗莎·卢森堡。

收改革以资助国家的这些新职能，都起到了决定性的作用。

新参与者的出现伴随着参政方式的转变。著名的政党往往是围绕政治人物组建的。随着新主角的出现，参与政治的方式也发生了变化。从前，政党往往以著名政治人物为核心，后来，渐渐被群众政党所取代，如法国的激进派或德国的社会民主党。无论是政治还是文化，群众似乎想要占领以前属于精英阶层的所有领域，许多知识分子对此并不喜欢。法国医生和社会心理学家古斯塔夫·勒庞在其颇具影响力的著作《乌合之众：大众心理研究》（1895）中写道："大众的巨大权利将取代君主们的神圣权利。到目前为止，文明是一小部分知识贵族建立起来的，从来都不是群众，他们只会摧毁文明。""摧毁文明"这样的说法对作者来说并不奇怪，因为在他看来，群众"不太善于推理，相反，他们非常善于行动"。

对民主的恐惧促使统治阶级采取疯狂的保护措施，以防止投票权的扩大改变政治和社会秩序。为此，各个国家都采取了不同的做法，如英国的上议院，限制由普选产生的下议院的行动。选举制度可能有利于某些选民。例如，在普鲁士议会，选民按其税收分为三类；1908 年，60 万张选票选出了 6 名社会党人，而 418 万张选票却选出了 212 名保守党代表。在丹麦，选民的最低年龄是 30 岁，而在比利时，受过高等教育的人才拥有选举权。选举制度有时会出现舞弊现象，西班牙复辟时期，一些豪绅就操纵了投票选举的结果。

大国力量

法国是民主程度最高的国家。19 世纪末，经历了布兰格将军（1889 年）的未遂政变和德雷福斯事件（1889 年）的法兰西第三共和国处于崩溃的边缘。德雷福斯事件激怒了反共和分子。而在另一方阵营，左翼共和党在瓦尔德克·卢梭（1899 年）政府的领导下重组，由激进派和社会党人组成。这个左派联合政府赢得了 1902 年的选举，使法国走向了一个政教分离的民主共和国，通过几项法律限制教会的权力，并取消了教会对教育的控制。

1914 年弗朗茨·约瑟夫一世在钦镇

这张照片拍摄于 1914 年，奥匈帝国皇帝在维也纳的钦镇火车站。钦镇火车站由于靠近美泉宫，由皇室使用。庞大的奥匈帝国由 56 个不同民族组成，军队使用 11 种语言，第一次世界大战爆发时，弗朗茨·约瑟夫一世已有 84 岁高龄、在位 65 年。

1904 年至 1907 年的法国大罢工期间，社会党和激进派之间的关系变得紧张起来。此次大罢工得到了法国总工会革命工会主义者的鼓励，并受到了激进派、内政部长和政府首脑乔治·克莱蒙梭的严厉镇压。1908 年至 1910 年，左翼阵营在社会问题、军事和殖民政策等问题上分歧不断，很难在议会中获得多数席位。新近成立的国际工人联合会法国分会，反对法国干涉摩洛哥的问题，以及将兵役的时间延长至三年的决定。国际工人联合会法国分会凭借和平主义的理念，在 1910 年获得 100 万张选票，1914 年成为法国第二大党派。与此同时，也激起了狂热的民族主义者的仇恨，导致 1914 年 7 月社会党和平主义领袖让·乔雷斯遇害。

1914 年，欧洲经济巨人德意志帝国拥有世界最强大的军队。在普鲁士及其国王威廉二世的庇护下，德意志帝国由四个王国、六个大公国、五个公国、七个侯国、三个汉萨自由市和1871年从法国夺取的阿尔萨斯—洛林地区组成。所有领土均按比例由联邦参议院或联邦委员会的58名议员代表。宪法改革必须得到众议院四分之三成员的同意，而拥有17名议员的普鲁士可以否决任何改革。普鲁士的强大政治影响力不无道理：普鲁士王国面积占德意志帝国总领土面积的65%，帝国60%以上的居民是普鲁士人，鲁尔、萨尔地区和上西里西亚的工业区也对帝国的发展有着举足轻重的作用。

皇帝有权任命帝国首相，后者直接向皇帝汇报情况。宪法赋予国会——即帝国的下议院——一个非常有限的角色。这让威廉一世皇帝可以自由地追求他的梦想：让德国发挥与其经济实力相称的国际作用。要做到这一点，就必须与主宰海洋的英国竞争。海军上将阿尔弗雷德·冯·蒂尔皮茨命人在1898年建造了一支庞大的舰队与英国抗衡。

德国民众认为自己三面受敌，被法国、英国和俄国所包围，这种充满殖民野心的"世界政治"激起了德国民众的极大热情。此外，以君主为代表的民族主义限制了社会民主党的发展，社会民主党代表工人阶级，其政治抱负不受反动的威廉一世、土地贵族和工业巨头的欢迎。在1912年的选举中，社会民主党以三分之一的选票成为德国国会的主要政治力量，但没有获得任何政治职位。国王和议会之间的矛盾与对抗是公开的。但随着第一次世界大战的爆发，这种矛盾很快就烟消云散了。

至于奥匈帝国，它的存续要归功于1848年以来一直统治的弗朗茨·约瑟夫一世皇帝。这体现了二元制的连续性：事实上，自1867年以来，整个奥匈帝国被划分为奥地利领土和匈牙利领土，两国同为主权国家，有各自的议会和政府，外交、军事和财政共有。这种脆弱的统一受到斯拉夫民族主义爆炸性崛起的威胁，其中有两个问题尤为突出：帝国内部的波西米亚和帝国外部奉行扩张主义的塞尔维亚。将前奥斯曼领土上所有斯拉夫人聚集在一起，建立大塞尔维亚的想法对奥地利和匈牙

被欧洲列强瓜分的地球

　　柏林会议 (1884—1885) 期间，欧洲列强以"自由贸易和文明权利"的名义瓜分非洲大陆，这是帝国主义部署（即占领和剥削海外领土）的一个里程碑。

　　帝国主义的主导者是欧洲。英国在这方面表现突出：其帝国覆盖了地球陆地面积的 20%，总计 3140 万平方千米，人口 3.673 亿。其次是法国，帝国面积 1098 万平方千米，人口 5010 万；德国虽位列第三，但与前两名相去甚远，面积 230 万平方千米，人口 1190 万。1907 年，德国负责殖民地事务的国务秘书伯恩哈德·德恩伯格表达了殖民者的观点："殖民必须包括为了被殖民国家的利益而开发其土地、财富、动植物，尤其是人口。殖民国必须致力于向被殖民国传输更优秀的文化、更好的道德原则和方法。"然而，这些"更高"的原则并没有阻止刚果人民被迫从事劳动，如生产橡胶和象牙或者修建铁路。也没有阻止 1904 年德国殖民者在纳米比亚屠杀起义的赫雷罗族人，这是 20 世纪第一次种族灭绝。

　　插图　赫雷罗族战士在翁干基拉抵御德国军队（现代平版印刷画，收藏于巴黎装饰艺术图书馆）。

利构成了直接威胁。奥匈帝国统治集团从未排除对塞尔维亚人主动发起进攻的可能性，并最终入侵塞尔维亚，第一次世界大战的战火被点燃。

　　对英国来说，新世纪始于 1901 年 1 月维多利亚女王的逝世。在她统治的 63 年里，英国成为世界上第一个最富有的帝国。它的中产阶级在欧洲是最多的，他们狂热地展示着对君主制的忠诚，并被灌输了一种民族主义的信仰，认为帝国是文明的载体。

贵族占据了上议院，而资产阶级精英则分成自由党和保守党两派，占据了下议院。与此同时，工人阶级工作条件恶劣，工会成员在1886年至1913年从100万增加到400万，没有政治代表的工人阶级只能在选举中支持自由党候选人。

这种情况在1900年发生了改变，工会和诸如费边社这样的社会主义团体成立了工人代表委员会（LRC），形成了一种独立自主的政治力量。1906年，工人代表委员会和自由党达成协议，自由党以压倒性的优势赢得了397个代表席位，而工人代表委员会则组成工党赢得了29个席位。改革的序幕由此拉开，并一直到1914年，这深刻地改变了政治制度。由劳合·乔治（他的父亲是一名教师）领导的自由党激进派，和由赫伯特·阿斯奎斯（他的父亲是一名纺织品生产者）领导的政府及工党一起，从1908年开始，加强社会立法，赋予公民罢工的权力，创立医疗和养老金体系，发展教育系统，创造了我们现在所说的"福利国家"的雏形。

为了给这些新的政府职责（此处指的是医疗、养老等新的职能，非部门）提供资金，英国着手逐步进行税制改革。1909年，下议院批准通过了改革决议，但遭到了上议院的否决。1911年，两院之间的僵局最终导致上议院的绝对否决权被取消，其财政权力也被剥夺。贵族精英们已经失去了对政治的控制权。尽管程度有限，工人阶级逐渐开始参与政治生活：1918年以前，只有60%的男性有投票权。然而，有两个问题仍然存在，一是妇女投票权，二是爱尔兰自治权。保守派和军方强烈反对爱尔兰自治，英国处于危机边缘，唯有通过武力才能化解危机。

俄国仍然由专制独裁的沙皇尼古拉二世（1894—1917）牢牢地控制着。作为国家元首和东正教会的绝对领袖，他反对任何形式的代议制政治制度。当时的俄国正在经历外国资本（主要是法国资本）的涌入所引发的深刻变革。迅速的工业化催生了无产阶级，他们主要集中在莫斯科和圣彼得堡的大工厂，马克思主义便在那里传播。由于人口增长和社会革命党（PSR）要求重新分配土地，农村地区的发展呈现出欣欣向荣的态势。然而，农民最终分到的田地却位于荒凉的西伯利亚，连接莫斯

深受拉斯普京影响的沙皇尼古拉二世和亚历山德拉皇后

1894 年，尼古拉二世登上俄国王位，统治着近 1.7 亿人。尼古拉二世坚信其绝对权力来自神，但他缺乏政治远见，性格软弱、优柔寡断。

沙皇尼古拉二世深受其妻子——德国黑森-莱茵大公国达姆施塔特的阿历克丝郡主的影响。阿历克丝郡主改信东正教并嫁给尼古拉二世时，改名亚历山德拉。因为沙皇和皇后都是反动派，所以两人声称要像三个世纪前的第一位罗曼诺夫王朝君主那样统治俄国。当时的俄国工人和农民怨声载道，然而尼古拉二世并没有察觉到这个国家正在发生的深刻变化。1905年1月22日，俄国军队向数千名示威者开火，被称为"血腥星期日"，从此以后，尼古拉二世成了民众心中的刽子手、民心尽失。由于皇子亚历克西斯患有血友病，亚历山德拉皇后求助于神父兼治疗师的格里戈里·艾菲·莫维奇·拉斯普京。后来拉斯普京通过皇后干预朝政，对沙皇的统治产生了巨大的影响。许多俄国人认为，拉斯普京才是这个国家的实际统治者。1915年，尼古拉二世在亚历山德拉皇后的鼓动下，亲自担任总司令到前线督战，而在尼古拉二世御驾亲征期间皇后摄政，实际权力却掌握在以拉斯普京为核心的内阁。1916年12月，在密谋推翻沙皇统治的大背景下，拉斯普京被保皇派谋杀（据称谋杀他的人是大公爵迪米特里·巴甫洛维奇）。三个月后，尼古拉二世退位。

插图 革命前的尼古拉二世家族。中间，尼古拉二世，左边，亚历山德拉皇后和皇子亚历克西斯，周围是皇室公主们，从左到右依次是：玛丽亚、塔蒂亚娜、奥尔加和安娜斯塔西娅。

科和符拉迪沃斯托克的西伯利亚铁路横穿该地区。

俄国在亚洲的扩张遇到了同样野心勃勃、想要侵占中国的日本，这引发了1904—1905年的日俄战争，传统强国俄国败于日本，结局令人大跌眼镜。此次战败严重损害了沙皇政权的威望，削弱了其军事力量，俄国国内不满情绪开始爆发。1905年1月，圣彼得堡市中心举行的一场大型和平工人示威活动被武力驱散，导致了一系列罢工和镇压。10月，沙皇宣布了一项宪法改革，然而此改革毫无功效。1906年到1917年，俄国相继召开了三次国家杜马（立法议会），每次杜马结束都意味着民众权力的丧失。暴力成了实现政治体制改革的唯一途径。在这样一个工业化进程刚刚开始的国家，加之资产阶级的软弱，使布尔什维克（在城市）和社会革命党人（在农村）的思想获得了大量的支持者。

欧洲以外

战胜了俄国的日本表面上是一个君主立宪制国家。睦仁天皇神圣不可侵犯、权力无边。当时的日本是绝对天皇制，自由主义非常薄弱，社会主义受到谴责，民族主义则通过对天皇的个人崇拜、神道教及牺牲和纪律的价值观得以推行。明治维新使日本拥有了亚洲无与伦比的军事力量和工业发展。这两个因素都是日本帝国主义向邻国中国扩张的决定性因素。

这种扩张的目的是减轻日本的人口压力、促进经济增长。财阀集团，即主要的金融和工业集团大肆鼓励扩张主义，以获得新的市场、人力和原材料，而军方则认为，控制中国是保护日本群岛边界的一种方法。1894—1895年，清政府在对日的甲午战争中战败，被迫承认朝鲜半岛独立并划归日本势力范围，割让台湾岛，以及具有战略意义的辽东半岛和大型海军基地亚瑟港（今大连市旅顺口区）。然而，俄国认为辽东半岛对其东扩至关重要，其得到西方列强的支持，于是日本被迫将这片领土归还给了中国。还辽事件后，日本人对俄国人和西方人怀恨在心，时刻想着复仇，最终导致1904—1905年的日俄战争。

20世纪初，太平洋的另一边，美国已经成为一个经济强国，整个社会暴露在大

《奉天战役》(1905)

俄军统帅在指挥日俄奉天战役。这是自1813年莱比锡战役以来规模最大的一场陆地战役。日本突袭了亚瑟港（今大连市旅顺口区）的海军基地，对俄宣战。40年后，日本突袭美国海军基地珍珠港，再次卷入海上战争。

企业的残酷资本主义之下。罢工被禁止，工会成员遭到迫害，雇主雇用私人警卫来解决与工人间的冲突，企业的巨大权力可能会引发一场社会大爆炸，日益加剧的腐败也在扼杀着政治体系。这种情况之下，世界产业工人联盟的革命工会主义迅速发展，美国社会党的发展达到顶峰，并在1912年的总统选举中获得了6%的选票，激进派在民主党内部蓬勃发展也就不足为奇了。

为了对抗大企业贪婪的资本主义，进步主义应运而生。这场政治运动超越两党，展现了在第一次世界大战之前历任美国总统的政治举措，其中包括共和党人西奥多·罗斯福和威廉·塔夫脱，以及民主党人伍德罗·威尔逊。他们的目标是防止激进主义的蔓延，并使民主和经济增长协调发展。同时，垄断受到管制，一些工会权利得到承认。此外，进步主义还通过改革削弱政党的权力，在政治领域开展反腐斗争。

此外，激进思想的影响因经济增长和大众消费的普及而减弱，经济增长还为中产阶级社会地位的提升创造了机会。但仍有两类人被排除在政治生活之外：一类是妇女，第一次世界大战之前，只有最西部的十个州的妇女拥有投票权；另一类是南方的黑人，他们深受种族歧视之害：政府设立了一系列行政障碍，意在限制黑人的选举权。

帝国与联盟

20世纪初，各工业强国为了统治世界展开了一场激烈的竞争。然而，帝国主义扩张不仅仅指占领非洲或亚洲的土地，还包括对那些看似独立但实际被列强剥削的国家施加经济压力，奥斯曼帝国、中国和拉丁美洲国家都是如此。

美国这一新的世界经济大国，便选择了第二种形式的帝国主义：间接控制，偶尔使用武力，即"美元外交"和"大棒外交"。19世纪90年代，美国完成了西进计划，赢得对西班牙的军事胜利。这不仅敲开了加勒比地区的大门，控制了古巴和波多黎各，还将殖民范围扩大到亚洲，占领了关岛和菲律宾。为了能在拉丁美洲和亚洲地区与欧洲列强抗衡，美国必须控制加勒比海和太平洋。1907年，美国舰队的实力位于英国与德国之后，位列全球第三，想要达成扩张的目的就需要开凿一条运河，连通太平洋与大西洋。1903年，美国支持巴拿马脱离哥伦比亚，修建了巴拿马运河。随后，美国通过占领尼加拉瓜、海地和多米尼加共和国，并对墨西哥革命施加压力，捍卫了其在加勒比地区的控制权和商业利益。

在世界的另一端，美国侵占的岛屿保证了他们畅通无阻地从海上抵达亚洲最大、最赚钱的市场——中国。在中国，西方列强的掠夺和清政府的无力对抗，导致义和团起义（1899—1900），起义最终被欧洲、美国和日本军队镇压，清政府被迫进一

墨西哥革命：十年惨烈内战

在 1876 年起担任墨西哥总统的波菲里奥·迪亚兹的领导下，墨西哥经济实现了现代化，外国资本流入，出口增加，尤其是产自墨西哥湾的石油。

19 世纪末，墨西哥人口从 950 万增长到 1500 万：62% 的墨西哥人生活在农村地区，1% 的土地所有者控制着 97% 的土地。1910 年 11 月，自由主义者弗朗西斯科·伊格纳西奥·马德罗号召起义。当时的中产阶级没有政治权力，马德罗的运动得到了他们的支持。马德罗承诺进行土地改革，起义变成了一场革命，农民领袖埃米利亚诺·萨帕塔和潘乔·维拉也加入了这场运动。1911 年，迪亚兹被推翻，取而代之的是马德罗。然而马德罗并未兑现土地改革的承诺，还企图控制石油公司，摆脱美国的扶持。1913 年，在地主和迪亚兹支持者的支持下，与萨帕塔、维拉和马德罗亲信卡兰扎分庭抗礼的维克多利亚诺·韦尔塔将军杀害了马德罗。卡兰扎不顾反对，宣布自己为总统，提出了 1917 年的宪法，将矿产资源国有化，并承认工人的权利。卡兰扎成为总统后，采取了温和的土地改革措施，失去影响力的萨帕塔很快就被谋杀了。但是，美国不满卡兰扎对石油公司征收税收的做法，撤回了对他的支持，与此同时，卡兰扎企图任命继任者的行为激发了阿尔瓦罗·奥布雷贡的起义。卡兰扎被暗杀，奥布雷贡在工人、城市中产阶级和军队的支持下，于 1920 年当为选总统。

插图（右） 弗朗西斯科·伊格纳西奥·马德罗（在车里）；左图为 1916 年的墨西哥国徽。

步向帝国列强妥协。

根据"门罗主义"，加勒比海和拉丁美洲是美国的领地，中国和朝鲜半岛则是日本的领地。然而，俄国是日本称霸亚洲的绊脚石。日本试图阻止其他国家支持俄国，防止 1895 年中日甲午战争后列强纷纷支持俄国的情景重现。为此，日本借机拉拢与俄国为敌的英国。英国畏惧俄国转而对波斯和印

两位人民英雄

埃米利亚诺·萨帕塔（左）是最重要的墨西哥革命领袖。马德罗未按承诺进行土地改革，萨帕塔拒绝承认马德罗的总统地位。1911年，萨帕塔提出《阿亚拉计划》，重新分配土地。他为实现这一目标而持续斗争，并在莫雷洛斯州建立了革命委员会。1919年，萨帕塔被卡兰扎的支持者谋杀。弗朗西斯科·维拉，绰号潘乔·维拉（右），是另一位伟大的农民领袖。他年轻时被控杀人，离家出走，做过日工、牧人，也曾是一名黑帮头目。潘乔·维拉成为北方土地运动的领袖后，他与马德罗结盟，为革命而战，直到帕斯夸尔·奥罗斯科时代（墨西哥内战过程中的短暂和平期）。1923年，潘乔·维拉被刺杀，死于被赠予的庄园中。

度施加压力。1902年，英国、日本列强签署了一项《英日同盟条约》，规定中国属于英国势力范围内，朝鲜半岛受制于日本。1905年，美国在另一项条约中承认日本对朝鲜半岛的统治，而日本则宣布放弃对菲律宾的干涉。这种情况给了日本人在对俄战争中采取行动的自由。日本的胜利是非西方国家首次战胜欧洲强国，这使得日本得以在朝鲜（1910年被日本吞

清政府灭亡，亚洲第一个民主共和国建立

1901 年，打着"扶清灭洋"口号的义和团起义曾获慈禧支持，最终被列强镇压以失败告终，中国经济被列强控制。清政府意识到自身的不足，实施了一系列从教育到军队的改革计划。

日俄战争是一场在中国领土上进行的外国战争，最终导致日本控制中国的东北地区和朝鲜半岛。国家现代化的必要性日益显现。1908 年慈禧去世，两岁的溥仪登基，宪政改革进程缓慢。和沙皇统治下的俄国一样，由于缺乏政治参与的渠道，这个声名狼藉的君主制国家只有一个选择：彻底推翻君主制。一些地下秘密组织开始在军队和工人阶级中传播共和与民主的思想。1911 年 10 月，起义军占领武昌，革命渐渐蔓延至全国。12 月，革命党人孙中山当选中华民国第一任临时大总统。1912 年 2 月 12 日，溥仪退位，共和阵营分裂，袁世凯就任总统。1916 年袁世凯猝逝，权力又回到了军事领袖——"军阀"手中。

插图 孙中山。

讽刺漫画：英国蜘蛛

1904 年，法国和英国签署了《英法协约》。1915 年，第一次世界大战拉开帷幕：德国雄鹰看着英国蜘蛛为夺取欧洲而编织的网被撕开（第 39 页）。

并）确立了统治地位并控制了中国东北地区。

与此同时，英国和法国对德意志帝国建造的庞大舰队和其在非洲、中东的扩张主义感到忧心忡忡。这种情况拉近了英法两国的距离，两国于 1904 年签署《英法协约》，这解决了两国关于殖民问题的纷争：法国承诺不干涉英国在埃及的行动，英国则承认摩洛哥是法国的势力范围。俄国在日俄战争中溃败后，陷入严重的内部危机，英国趁机与它在亚洲的宿敌——俄国达成协议。1907 年，两国签订《英俄协约》，同意将波斯划分为两个势力范围，承认中国对西藏的主权和英国对阿富汗的决策权。由于俄国同法国、英国一样忌惮德国的扩张主义，这项协议的缔结变得更加容易。俄国既顾忌德意志帝国在中欧的野心，也忌惮受德国保护的奥匈帝国在巴

L'ENTENTE CORDIALE ♥
1915

尔干半岛的野心。

1904 年的英法同盟和 1907 年的英俄同盟通常被称为"三国同盟"。随着这两项协议的签订，俾斯麦最担心的噩梦成了现实。这位宰相一直致力于打造德意志帝国，但 1890 年，威廉二世决定放弃。俾斯麦凭借无与伦比的外交能力，建立了以德国、奥匈帝国和意大利三国同盟为核心的联盟体系。与此同时，他试图确保俄国的中立地位（俄德两国于 1887 年签署了《再保险条约》），同时不惜一切代价避免与英国正面交锋。就这样，俾斯麦挫败了俄、英、法三国的结盟（法国在 1871 年被普鲁士打败后感到不快），避免了使德国处于一种三面受敌的尴尬境地。但德皇威廉二世，以及德国军事和工业精英们为了推行所谓的"世界政治"，摧毁了俾斯麦体系。

摩洛哥危机

德国认为 1904 年的《英法协约》严重侵犯了其行动自由，这引发了两次"摩洛哥危机"。第一次危机发生在 1905 年，德国试图打破法英联盟。3 月，德皇威廉二世访问丹吉尔，宣称德国要维护摩洛哥的独立，外国在摩洛哥的地位绝对平等。根据《英法协约》规定，摩洛哥是法国的领土。德皇的此次访问加剧了法德之间的紧张关系，但英国依然支持法国。1906 年危机过后，欧洲各国在阿尔赫西拉斯举行会议，表面上承认摩洛哥独立。

第二次危机发生在 1911 年 7 月，德国以阻止法国军队在摩洛哥的推进为借口，派遣黑豹炮艇前往摩洛哥的阿加迪尔湾，公然违反了《阿尔赫西拉斯协定》。英国因惧怕德国挑战其海上霸权，支持法国一起对抗德国。法、英、德三国大战一触即发。而大众媒体传播的民族主义和帝国主义的长篇大论则引发了公众舆论。

法国与德国交换了部分法属刚果、德属喀麦隆的领地，从而解决了第二次摩洛哥危机。德国媒体认为，德意志帝国并没有真正进入摩洛哥，却再次受到法国和英国的羞辱。然而，1911 年德国引发的这场危机的真正目的是占领整个法属刚果，这样便能推进它的"中非"项目：通过连接德国的西非（喀麦隆、多哥）、东非

（坦桑尼亚、卢旺达、布隆迪）和西南非洲（纳米比亚）的属地，建立一个从印度洋到大西洋的德属中非。为了实现这一雄伟计划，德国必须占领葡萄牙的殖民地安哥拉和莫桑比克，以及广阔的比属刚果的一部分，而这是英国和法国都不会接受的。欧洲列强之间的对抗使葡萄牙和比利时得以保留他们在非洲的殖民地。激烈的竞争还导致1912年法国同西班牙签订条约，将部分摩洛哥地区划为西班牙保护地，以及1911年到1912年，意大利对奥斯曼帝国的昔兰尼加和的黎波里塔尼亚（现在的利比亚）的征服。意大利的这一行动使摇摇欲坠的奥斯曼帝国变得更加动荡并加速了其欧洲领土的解体，进而点燃了第一次世界大战的导火索。

波斯尼亚危机

20世纪初，奥斯曼苏丹国正处于衰败之中，眼睁睁地看着自己慢慢解体。1908年7月，一群年轻的土耳其军官以"团结与进步委员会"的名义组织起来，要求苏丹阿卜杜勒·哈米德二世颁布宪法、实施议会制度。奥匈帝国认为土耳其领土是其可以进行帝国主义扩张的地区，同年10月，奥匈帝国利用土耳其的政治危机吞并了波黑。塞尔维亚认为，波斯尼亚的土地应属于一个把巴尔干所有斯拉夫人都聚集在一起的"大塞尔维亚"，如此一来，奥匈帝国与塞尔维亚的大战一触即发。塞尔维亚得到了俄国的支持。受到日本羞辱的俄国，声称对属于奥斯曼帝国的巴尔干地区和连接黑海与地中海的海峡拥有主权。为了证明领土侵占的合理性，俄国提出要重组宗教、保护东正教斯拉夫人的借口。而刚刚走出1906年摩洛哥危机的法国，则认为这是一个地方危机，不支持俄国反对奥匈帝国，最终，俄国和塞尔维亚被迫妥协。

但在1908年10月，巴尔干半岛出现了一个新主角：宣布从奥斯曼帝国独立的保加利亚。1912年，塞尔维亚、保加利亚、希腊和黑山利用意大利和土耳其在罗得岛与十二群岛的冲突，联合起来对抗奥斯曼帝国。这是第一次巴尔干战争（1912—1913）。这次冲突最终导致土耳其从巴尔干半岛撤出及阿尔巴尼亚的成立。该国的建立得到了想要控制亚得里亚海海岸线的意大利，以及希望阻止塞尔维亚建立海上

塞尔维亚，一个巴尔干强国的诞生

在 1877 年至 1878 年的俄土战争和柏林会议之后，土耳其人只保留了阿尔巴尼亚、马其顿和色雷斯的一部分土地，还被迫承认塞尔维亚、黑山和罗马尼亚的独立、保加利亚的自治，以及奥匈帝国对波斯尼亚-黑塞哥维那（以下简称波黑）的行政监督。

当时的塞尔维亚被亲奥地利的奥布雷诺维奇王朝统治着。1903 年 6 月，一群极端民族主义士兵袭击了贝尔格莱德的皇宫，乱枪射杀了国王亚历山大一世和他的妻子，并把他们的残肢扔出了阳台。政变过后，卡拉乔维奇王朝掌权：亲俄国的彼得一世登上了王位。塞尔维亚的政治随后采取了扩张主义的方向，旨在统一生活在塞尔维亚边界之外的斯拉夫人。奥匈帝国面对这种威胁，向塞尔维亚人施加压力：因为奥匈帝国控制着波黑的边界，可以通过限制塞尔维亚的出口来扼杀对手衰朽的经济，如 1906 年发生的"猪战"。

1908 年 10 月，奥匈帝国吞并了波黑，塞尔维亚的经济开始依赖奥斯曼帝国控制下的马其顿的海上通道，而刚刚宣布独立的保加利亚也宣称对这片领土拥有主权。对马其顿控制权的争夺已经导致了 1885 年的塞尔维亚—保加利亚战争，并成为巴尔干半岛战争的核心。此后，保加利亚对马其顿一直心心念念却又求而不得，这种心理导致了它在两次世界大战期间亲德国的特点。

插图（下页） 1912 年 10 月，保加利亚军官占领土耳其阵地。

领土范围(1913年)：
- 黑山
- 塞尔维亚
- 希腊
- 保加利亚
- 罗马尼亚
- 阿尔巴尼亚(新成立)

通道的奥匈帝国的支持。1913 年，保加利亚在奥匈帝国领导人的保护下发动了第二次巴尔干战争，但最终被塞尔维亚、黑山、罗马尼亚、希腊及土耳其打败。这场冲突过后，塞尔维亚的人口和土地都几乎翻了一番。塞尔维亚表现出的泛斯拉夫主义令奥匈帝国领导人忧心忡忡，他们担心从土耳其政权中解放

出来的斯拉夫人会煽动奥匈帝国的斯拉夫人起来反抗。为此，包括参谋长弗朗茨·康拉德·冯·霍岑多夫在内的部分奥匈帝国精英，主张发动一场先发制人的战争，在斯拉夫民族主义破坏二元君主制之前消灭塞尔维亚。战争的阴影笼罩着巴尔干半岛。

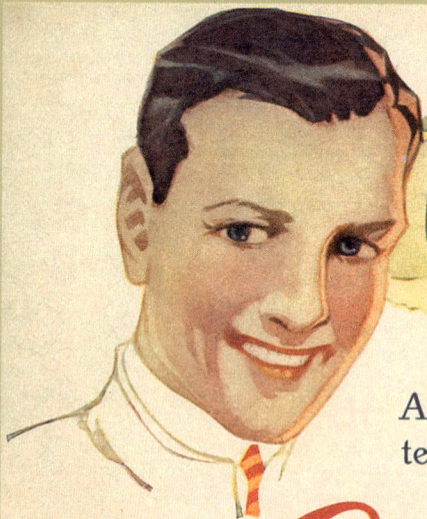

Ask the Soda Man—he'll
tell you the crowd drinks

Coca-Cola

TRADE MARK
REGISTERED

The drink with dash—vim—vigor
and go to it. The thirsty one's one
best beverage. Delicious and re-
freshing.

Whenever
you see an
Arrow think
of Coca-Cola.

Demand the genuine by full name—
Nicknames encourage substitution.

THE COCA-COLA CO.
ATLANTA, GA.

档案：大众社会

在 20 世纪的西方出现了一个以大规模城市发展、生产、商品和服务消费为特征的新社会。

20 世纪初，工业化国家大量农村人口外流。在城市里，人们希望谋得一份工作来改善生活条件、享受医疗保健和公共教育。然而，除了能够满足最基本的生活需求之外，城市还开始呈现出其他吸引力，使工业时代的"新城市文明形象"焕然一新。城市化和工业化的进程密不可分：一个国家的经济发展越迅速，发展起来的大城市就越多。

第一次世界大战之前，西欧有 184 个城市的居民超过 10 万人，其中 50 个在英国，英国也拥有世界上人口最多的城市：1910 年伦敦人口为 720 万；巴黎紧随其后，人口约 290 万；其次是柏林、维也纳和圣彼得堡，每座城市约有人口 200 万。另外两个人口超过 100 万的核心城市是莫斯科和君士坦丁堡。在西班牙，只有马德里和巴塞罗那两座城市各有 60 万居民。

至于美国，1910 年已经有 50 个人口超过 100 万的城市。最大的城市纽约，人口数量从

1914 年可口可乐的广告（左图）

"可口可乐"（中文译者为现代著名作家、画家、书法家蒋彝——译者注）因富含咖啡因和可乐果，能使人活力满满而得名。

从缝纫机到振动按摩器

家庭主妇是购买家用电器的主要群体，因此，电力的发展大大促进了城市消费的增长。在美国，家用电气化以惊人的速度进行着。1889 年，第一台电动缝纫机问世。1903 年，熨斗问世。1907 年，吸尘器问世。1909 年，诞生了第一台烤面包机。1913 年，销售了第一台家用冰箱和第一台洗碗机。身体护理用具也走向了电气化：1886 年 2 月，《哈珀周刊》（*Harper's Weekly*）刊登了第一则电动牙刷的广告；而在 1899 年 3 月，麦克卢尔的一则广告中，则介绍了一款女士用振动按摩器用以治疗神经痛、消除皱纹。

广告词 "永恒的冰块"——1927 年伊莱克斯首批销售的冰箱。

亨利·福特：大规模自动化生产时代的来临

　　1903年，北美工程师亨利·福特与其他投资者共同创立了福特汽车公司。此前，汽车一直是富裕阶层的专利，而福特的目标是让汽车成为大众消费品。就美国而言，需要争取的顾客群体主要是骑马或乘坐马车出行的农村人口。于是就诞生了著名的"福特T型车"：它的车轴比一般汽车要高，便于在乡村道路上行驶。"福特T型车"还是一款易于保养的车：替换的零部件可以在乡村商店里买到，也可以邮购，无须机械修理工经手。1908年到1927年，"福特T型车"总计售出1500万辆，创造了自1913年福特公司创立组装生产流水线以来的纪录：工人们一边在流水线上生产底盘，一边进行零件组装。为了不断提高生产力，每件任务完成的时间都受到严格控制。由于流水线上的工作技术含量低，只需简单几个动作，不会说英语的移民或文盲都可以胜任这份工作。福特每天支付给工人5美元，是当时市场价格的两倍。福特支付高薪的原因，不是像人们通常认为的是让工人成为其客户，而是让他们在工作中严格遵守纪律，减少离职引起的人员流动。零件的标准化和装配所需时间的减少降低了成本、提高了生产效率：福特汽车的产量从1909年的17700辆上升至1923年的1817891辆，超过了其他美国汽车制造商生产量的总和。

　　插图　工人们在装配流水线的轨道上组装福特T型车底盘。

1860 年的 80 万增长到了 1910 年的 470 万。1930 年，约有 230 万人居住在曼哈顿岛，占纽约总人口的 40%。1871 年芝加哥大火后重建时第一批摩天大楼拔地而起，并迅速在北美各大城市流行开来、数量激增，它们促进了城市人口的增长。

生产与消费

城市居民开始乘坐有轨电车或地铁等电动公共交通工具出行。这些新型交通工具，加上已经普及的自行车，被城市居民用作上下班的代步工具，往返于住所和在郊区的工厂或大公司在市区金融中心设立的办公室。白领和蓝领们羡慕地看着来往的汽车，这在城市景观中已并非鲜见。"一战"前，全球共有 200 万辆汽车在流通，其中 63% 在美国。

在欧洲大陆，法国人对汽车表现出了极大的兴趣：1895 年至 1914 年，法国领土上运行的汽车数量从 300 辆增加到 17535 辆。当时的法国汽车工业名列全球第二，仅次于美国。然而，两国差距较为悬殊：1913 年，法国共计生产汽车 4.5 万辆，而美国则生产了 48 万辆。

大众消费逐渐发展起来。大批量生产的商品正等待着消费者——同时是生产者——来购买。没有人比亨利·福特更明白这一点。被称为"福特主义"的理论旨在通过流水线作业来降低生产成本和商品价格。1908 年 10 月，大名鼎鼎的福特 T 型车诞生，售价 825 美元（当时一名教师的年薪是 850 美元）。1916 年，福特 T 型车的价格降至 360 美元，相当于美国家庭平均年收入的 10% ~ 20%。1921 年，福特 T 型车的售价仅为 260 美元。此外，福特还建立了特许经销商网络，成为最早提供汽车贷款的制造商之一。

私人信贷业务逐步蔓延，信贷销售体系开始建立，吸引了成群的消费者涌入百货商店，如巴黎的乐蓬马歇、玛莎丽丹、春天百货和老佛爷，伦敦的哈罗德百货公司和塞尔弗里奇百货公司，还有柏林著名的卡德威百货公司。1902 年，"市场营销"一词在密歇根大学的一门课程中首次被使用。大众消费现象引发了人们对市场研究的兴趣，广告的增长成为不可阻挡的趋势。当时一些伟大的艺术家，如捷克的阿

老佛爷百货公司 成立于1893年的"老佛爷"，既吸引了囊中羞涩的时尚爱好者，也吸引了资产阶级贵妇。

尔丰·穆查，制作了大型户外墙体广告海报被多家报纸转载，足见这一行业的蓬勃发展。

报刊和广告

新闻报刊的发展，一方面得益于教育的进步——免费义务初等教育的普及；另一方面得益于西方生活水平的普遍提高，以及休闲时间的增加，人们对印刷出版物的需求与日俱增。为了满足这一需求，报纸和杂志通过一系列的技术革新，如莫诺铸排机、莱诺铸排机、轮转印刷术及木材造纸和亚硫酸盐的使用既增加了发行量，同时也降低了成本。

1871年，订阅一年巴黎日报的费用是36法郎，相当于164小时的工资；1910年，日报年订阅费只需24法郎，仅相当于74小时的工资。法国最畅销的报纸是

《小巴黎人报》(*le Petit Parisien*)，目标读者是工人阶级，直至 1917 年其售价为 0.05 法郎（即一苏，约几分钟的工资）。

《小巴黎人报》销售量持续增长、广受欢迎。然而大型报业集团的成功则要归功于广告这一新的收入来源。新大众传媒的商业活动不仅包括向读者出售报纸，还包括向广告商出售插页。1905 年，美国大约有 20 种月刊，总发行量超过 10 万份，其中大部分面向女性读者，图片广告和文字广告是主要的资金来源。

要想创办新闻企业，必须投入大量的资金。1896 年，英国阿尔弗雷德·哈姆斯沃斯投入 100 万英镑创办了《每日邮报》(*Daily Mail*)，每份售价 0.5 便士。这一年，《每日邮报》的发行量为 20 万份，1900 年达到 98.9 万份。《每日邮报》包含了新大众媒体的特色元素，如爱国主义和政治以外的新闻：名人生活、自然灾难、丑闻……然而，新大众媒体这一模式转变的先驱者是美国。凭借这一新模式，威廉·伦道夫·赫斯特将侵略性的民族主义（他的报纸间接促成了 1898 年美西战争的爆发）、丑闻和耸人听闻的风格混合在一起，建立了自己的经济帝国。赫斯特认为，任何事情都能成为卖点。"黄色新闻"一词最早出现在纽约，指的是 1895 年至 1898 年，约瑟夫·普利策的《纽约世界报》(*New York World*)和赫斯特的《纽约日报》(*New York Journal*)为争夺读者而展开的激烈斗争中所采用的那种高度耸人听闻的煽情作风。"黄色新闻"一词来自两家报纸上刊登的第一部彩色连环画：《黄孩子》。

"采访"和"小报"是美国人的发明。"小报"的版面较小，容易携带，方便在公共交通工具上阅读。20 世纪初，美国是人均报纸销量最高的国家：每 3.8 人就拥有一份报纸。在 20 世纪初，一项同样来自北美的新发明改变了新闻业：柯达便携式照相机，它的胶卷几乎不占空间，而且很容易替换。配有插图的杂志是 20 世纪最受欢迎的文化产品之一。

充满神秘与冒险色彩的书籍

随着报纸读者数量的增加，图书读者的数量也随之增加：一个以娱乐为目的的大型图书市场应运而生。1880 年至 1920 年，城市工人和中产阶级不断壮大，通

新女性时尚杂志

专业出版物的出现引发了"时尚崇拜"这一新的社会消费现象。顶级的时尚杂志是法国的《邦顿公报》（*Gazette Du Bon Ton*）（1912—1925），该杂志刊载了雅克·杜塞和保罗·波瑞特等著名时装设计师的作品。创办于1883年的美国杂志《妇女家庭》（*American publications Ladies'Home Journal*）和诞生于1892年的美国《时尚》杂志（*Vogue*）也颇受欢迎。这些时装杂志反映了服装简单化的趋势，20世纪初，女性紧身胸衣的销售量减少，纤腰丰乳不再是唯一的审美标准。《妇女家庭》和美国《时尚》杂志的研究发现，在1900年至1910年，女性的胸围与腰围之比为2：1，1925年则降至1.1：1。20世纪20年代，随着可可·香奈儿"男孩风格"长裙和剪裁的出现，女性的服装开始趋向男性化。

插图 保罗·波瑞特的时装模特（上），1900年伦敦哈罗德百货商店出售的鞋子（左）。

俗小说的消费呈爆炸式增长。侦探类小说最受大众欢迎，如英国小说中的人物夏洛克·福尔摩斯、布朗神父，反派人物傅满洲；美国的尼克·卡特；法国的亚森·卢平，反派人物方托玛斯。冒险小说是另一种受欢迎的亚类型，尤其是那些以西部蛮荒为背景的小说，主要作者有美国人赞恩·格雷、德国人卡尔·梅等。卡尔·梅在德国广受欢迎，希特勒也是他的书迷。此外，还有一些带有异国情调的小说，如1912年由埃德加·赖斯·巴勒斯创作的《人猿泰山》（*Tarzan*）。巴勒斯的作品中还运用了另一种非常流行的科幻风格。伟大的英国作家赫伯特·乔治·威尔斯是科幻小说的奠基人，与儒勒·凡尔纳并称世界科幻小说之父。所有这些类型的书籍很快就会与文化产业的一个新领域融合在一起——电影。

娱乐产业

电影、留声机及收音机（在第一次世界大战后迅速流行）都是全新的文化媒介。与书籍和报纸不同，消费者无须受过学校教育也能接受这种文化消费，这就促使了新媒介在社会中广泛流行。这些新媒介的成功显而易见，呈指数级增长。1900年，美国售出了300万张唱片；1910年达3000万张；1921年达到1亿4000万张。至于电影，则成了最受欢迎的大众休闲方式。1895年12月28日，卢米埃尔兄弟在巴黎放映了第一部电影。从那以后到1900年，两人制作电影的收益高达240万法郎。在当时，电影制作和放映一样盛行。1906年，巴黎已经有10家电影院，1908年则增加至87家。1911年，欧洲最大的电影院——拥有3400个座位的高蒙大剧院在巴黎开业。

电影艺术的成功是普遍的、势不可当的。1905年，宾夕法尼亚州的一位杂货商在他的商店里放映了一部电影，向每位观众收取五美分的观看费。1910年，美国大约有1万座影院，每周接待2300万名观众，占美国人口的20%。电影票价低廉。影院放映的是包括爱尔兰人、西西里人或加利西亚犹太移民在内的、每个人都能看懂的无声电影。1911年，第一个永久性的电影制片厂在好莱坞建成。1914年，查尔斯·卓别林塑造的流浪汉形象，不仅吸引了大批普通民众，还包括艺术家和知识分子。这是电影史上第一个在全球广受欢迎的角色。1911年，意大利作家和电影理论家里奇奥托·卡努杜的"第七种艺术"的概念，很快便被媒体争相使用。"第七种艺术"对大众产生了巨大的影响力。布尔什维克党的领导人列宁在1919年接受公共教育专员阿纳托利·洛纳恰尔斯基的采访时曾表示："对我们来说，电影是所有艺术中最重要的。"

具有观赏性的运动赛事

很快，体育赛事摄影师就和报刊摄影师及记者一样普遍了，而体育运动则变成

左图为1908年环法自行车赛抵达巴黎时的场景。该届也是前一届的冠军得主卢西恩·佩蒂·布雷顿，他死于第一次世界大战中。

了一种大众娱乐项目。曾经只属于精英阶层的网球和高尔夫球在中产阶级中渐渐流行开来，而工人阶级则对足球和自行车产生了浓厚的兴趣。

足球诞生于英国，很快便席卷了整个欧洲大陆，此外，英国企业的员工还将这项运动引入了拉丁美洲。1904年，国际足联的成立使足球正式成为一项全球化的运动。足球迅速职业化，大众媒体上充斥着诸如点球、越位等英式英语词汇，而首批俱乐部的名字中则直接用上了"Football"这个名词，如1899年成立的"Football Club Barcelona"——巴塞罗那足球俱乐部，和1902年成立的"Madrid Football

Club"——马德里足球俱乐部。

另外，自行车也迅速流行开来，成为许多骑车上下班的工人热衷的运动。20世纪初，自行车比赛开始吸引大量观众，更准确地说是在1903年，也就是第一届环法自行车赛的那年。这项传奇性的比赛开始在法国各地举行，其实比赛的最初目的是为了宣传体育报纸《汽车-自行车报》（L'Auto-Vélo）。

另一项广受欢迎的运动可以追溯到20世纪初，并从那时起一直延续至今，那就是赛车运动。赛车运动与自行车一样，均由报社发起。1894年，法国的《小日报》（Le Petit Journal）组织了历史上第一场汽车比赛，从巴黎出发，终点是鲁昂。这项赛事结合了技术、风险和竞技运动，蕴含着巨大的经济潜力，美国1909年修建的印第安纳波利斯赛车场就是最好的证明。1911年，超过8万名观众买票观看了第一场里程500英里的汽车大奖赛，当时的赛车时速约为120千米/小时。

由此可见，在第一次世界大战之前，体育活动已经在社会上广泛流行。在法国人皮埃尔·德·顾拜旦的倡议下发起的现代奥林匹克运动会，使体育运动具有了大众观赏性。第二届现代奥运会充分证实了这一点：1900年奥运会是巴黎世界博览会的一部分，作为额外的观看点，吸引了大量观众。

加拿大第四师的部队

1917年，第三次伊珀尔战役（也叫帕申代尔战役）后，加拿大士兵在可怕的弗兰德斯战壕中作战。

插图（右侧）　"一战"期间德国海军飞行员的徽章。

第一次世界大战

1914 年夏，欧洲卷入了一场战争，其规模之大，在当时是无法想象的，数百万战士为此付出了生命的代价。长期以来的冲突导致的社会危机对沙皇俄国和德意志帝国是致命的，君主制最终被推翻。随着布尔什维克夺取政权，俄国萌生了一股新的国际政治力量：共产主义。

1914 年以前发生的危机，如两次摩洛哥危机和波黑危机，最终由于一方的退让没有演变成战争。但奥匈帝国无法在巴尔干半岛的问题上做出让步。如果不对塞尔维亚重新施加军事压力，奥匈帝国将因为内部民族主义矛盾而分崩离析。1914 年的夏天，奥匈帝国采取果断行动的时候到了。6 月 28 日，弗朗茨·约瑟夫皇帝的侄子，帝国的继承人弗朗茨·斐迪南大公和他的妻子在访问波黑首都萨拉热窝时被枪杀。

在塞尔维亚极端民族主义恐怖组织"黑手社"的煽动下，一名叫加夫里洛·普

第一次世界大战的关键时刻

1914年

萨拉热窝事件 欧洲列强互相宣战。法国在马恩河阻止了德国人向巴黎进军。俄国人在坦能堡和马祖里湖战败。土耳其参战。

1915年

西线战线沦陷 意大利参战，土耳其阻止英国占领达达尼尔海峡，德国和保加利亚占领塞尔维亚。

1916年

凡尔登战役 日德兰半岛海战。索姆河战役。布鲁西洛夫突破，奥匈帝国东部惨败。罗马尼亚、希腊参战。

1917年

德国宣布潜艇作战 圣彼得堡起义：俄国君主制的终结。美国参战。十月革命爆发：俄国内战。

1918年

德国溃败 协约国军队突破了兴登堡防线。德皇威廉二世出逃。停战协定在法国瓦兹省的贡比涅签署。战争结束。

萨拉热窝事件：冲突的借口

1889 年，奥匈帝国皇帝弗朗茨·约瑟夫之子鲁道夫在梅耶林自杀，1896 年，弗朗茨·约瑟夫之侄斐迪南成为皇储。然而，斐迪南大公在宫廷里并不受欢迎，原因是他娶了平民出身的妻子索菲·乔泰克。

索菲·乔泰克出生于平民之家，奥匈帝国严格的礼仪制度使她无法陪伴丈夫，出席活动。但在 1914 年 6 月 28 日，这名庶妻摆脱了维也纳的固化思维，陪同丈夫访问波黑地区的首都萨拉热窝。七名塞尔维亚—波斯尼亚恐怖分子埋伏在萨拉热窝，等待着大公夫妇乘坐的汽车。其中一名袭击者先是投掷了一枚炸弹，被大公用手臂挡开，随后另一名袭击者开枪射击大公夫妇，两人不幸遇害。斐迪南大公的死并不是"一战"爆发的真正原因：奥匈帝国部长理事会直到 7 月 7 日才召开，德皇威廉二世则在北海度假。正是奥匈帝国对战争的渴望，才引发了这场冲突。

插图 大公夫妇在遇刺前，离开萨拉热窝市政厅。

林西普的波斯尼亚学生实施了此次谋杀。在维也纳，大公的遇害给霍曾多夫和支持征战塞尔维亚的人们提供了期待已久的机会。7 月 23 日，奥匈帝国向塞尔维亚发出最后通牒，要求该国官员调查此次暗杀事件，并限定贝尔格莱德在 48 小时内做出答复。不出所料，塞尔维亚断然拒绝了这一羞辱性的要求。奥匈帝国于 7 月 28 日正式对塞尔维亚宣战。这原本可能只是第三次巴尔干半岛战争的开端，但两国各自缔结的联盟最终使一场地方冲突升级成了世界大战。

　　萨拉热窝事件后一个月，第一次世界大战爆发。在此期间，柏林向维也纳提供了源源不断的支持，鼓励奥匈帝国武力讨伐塞尔维亚。德国认为，俄国尚未做好战争准备，因此将继续置身于冲突之外，或者如果俄国与塞尔维亚一起采取军事行动，将不会得到英国或法国的任何支持。因此，时任德意志帝国首相的贝特曼-霍尔维格的政策就是打破"德奥意三国同盟"，去除德国身负的枷锁，同时参加东、西两线的战役。

　　然而，俄国并没有如德国所料放弃参战。如果

　　萨拉热窝事件中刺杀斐迪南大公夫妇的加夫里洛·普林西普。当时他还未成年，不能被判死刑，只被判处20年监禁。1918年，加夫里洛·普林西普死于特莱西恩施塔特监狱（现捷克共和国特雷津）。

德军面对协约国军队宣传采取的恐怖行动

第一次世界大战期间，宣传成了双方阵营的武器，各国政府广泛利用大众媒体来煽动公众舆论。1914 年 8 月，德军占领比利时，协约国军队在宣传报道中将德军进行了妖魔化的处理。

据报道，比利时的游击狙击手（非正规军）打乱了德军的作战部署，阻碍了德军向法国进军。事实上，这只是 1870 年普法战争遗留下来的幻想而已，德军下决心粉碎这一不实报道，发动了一场代号为"恐怖"的行动：5521 名比利时人被枪杀，数千人被关押到劳改营。在迪南，德军当着妇女和儿童的面处决了 674 名男子。1915 年 8 月底，英国护士伊迪丝·卡维尔因间谍罪被捕，10 月被枪决。英国和法国的媒体利用这一事件，大肆宣传德国人野蛮和破坏性的形象。

插图 《小日报》刊登的伊迪丝·卡维尔被处决的场景（1915 年 11 月）。

俄国放任奥匈帝国羞辱它的保护国——塞尔维亚，它将很快失去其在国际社会中的地位。然而，尽管俄国希望击败奥匈帝国，但战胜德国仍旧是天方夜谭。一旦德意志帝国参战，最后的结果将取决于法国是否起身对抗德国。法国很有可能会加入战斗：不这样做，让俄国听天由命就等于承认德国在欧洲的霸权地位。于是，俄军和德军随后成了此次世界大战的主要对立方。

1914 年 7 月 29 日，在得到法国支持的保证后，沙皇呼吁对奥匈帝国发动局部战争。总参谋部最终说服了沙皇尼古拉二世，使他于 7 月 30 日下令进行全面战争。就在前一天，英国外交大臣爱德华·格雷向德国驻伦敦大使明确表示，如果奥塞冲突蔓延，英国"不可能再袖手旁观"。鉴于事态的恶化，德皇威廉二世迟疑之后，决定鼓动德国和奥地利发动战争。

然而，德国总司令赫尔穆特·冯·莫尔克和普鲁士战争部长埃里希·冯·法尔肯海恩认为，对俄宣战再拖久一点德国就会处于被动。于是，面临俄国和法国的首次进攻，德国高级军官们打算先发制人，在俄国完成军队现代化之前对他们主动发起进攻，就像霍岑多夫的预防性战争一样扼杀塞尔维亚对奥匈帝国的威胁。7 月 31 日，德国政府向莫斯科发出最后通牒，要求俄国停止军事活动，然后动员德国军队：战争正式爆发。

8 月：大军出动

对立的联盟体系最终使欧洲陷入了战争冲突。但战争的动力也取决于所谓的"时代的胜利"。几十年来，各国参谋长们制订了复杂的作战计划，调动了数以百万计的兵力，成千上万吨的设备和武器，以及成千上万的驮畜和车辆，这一切部署需要对火车运输进行毫米级的细致规划。在法国，总计需要调动 300 万兵力，以及 4278 辆运送物资的车辆。一旦动员命令下达，计划就不能再改变，否则就会陷入极度混乱。

根据施里芬计划，德国必须绕过法国阿尔萨斯—洛林地区的强大防线，从北部的比利时境内进攻法国。一部分德国军队将越过比利时，进抵英吉利海峡，随后长驱直入，向法国首都巴黎进发，然后自西向东，与另一部分越过比利时阿登山区的军队会师。这样，法军就会像 1871 年的普法战争那样缴械投降，而被德军包围的法国首都巴黎则如一颗高挂枝头的成熟果实，被德军轻松拿下。

施里芬计划用六周时间拿下巴黎。与此同时，另一支德国军队则在东部牵制俄国人。在西线取得胜利后，全部德军将转战俄国前线，击败在德军眼中效率低下的沙皇军队。如果不按照原定的施里芬计划实行，德国将会任由法国摆布。因此，当德皇威廉二世要求德意志帝国陆军大将毛奇集中火力对抗俄国时，毛奇断然拒绝：因为要打败它，首先必须打败其盟友——法国。

施里芬计划违反了 1839 年《伦敦条约》所保证的比利时的中立性。这样一来，英国必将参战。德军企图占领比利时在英吉利海峡的战略港口，并把其用作海军基地，这是英国人无法接受的。1914 年 8 月 1 日，德国对俄国宣战；8 月 3 日，德国对法国和比利时宣战；8 月 4 日，英国对德国宣战。就这样，在 7 月 28 日至 8 月 4 日的短短几天之内，欧洲便陷入了一场全面的冲突之中，发展之快令人始料不及。7 月 28 日，毛奇在给总理贝特曼·霍尔维格的一封信中，将即将到来的冲突描述为"世界大战"，并宣称：文明的国度正四分五裂，在未来几十年里将摧毁几乎整个欧洲的文明。8 月 4 日的晚上，英国外交大臣格雷沮丧地从办公室窗口探出头来，看着伦敦熄灭的灯光，说道："灯光正在整个欧洲熄灭。我们这辈子再也见不到它们了。"

政客和士兵们的悲观情绪，与各大城市庆祝宣战的人群的热情形成了鲜明对比。例如，8 月 2 日，一群人聚集在慕尼黑的奥德翁广场庆祝各国开战。这群人中有一个幸灾乐祸的 25 岁的年轻人，名叫阿道夫·希特勒。欧洲正一步步走向深渊，任由民族主义冲动和排外情绪泛滥。在柏林、巴黎和维也纳，人们热烈欢迎国家元首和军队首脑的到来。在圣彼得堡，当沙皇和妻子出现在皇宫的阳台上时，观望的人群激动跪地、齐唱国歌。这种思想状态充分体现了各国政治团体面对冲突时的团结。法国人把这种状态称为"神圣联合"。洛林人雷蒙·庞加莱与乔治·克莱蒙梭和解，在此之前两人一直互为敌手。他们谈到 1871 年被德国占领的阿尔萨斯和洛林时，流下了激动的眼泪。克莱蒙梭说："当我们一起哭泣时，我们将永远团结在一起。"德国也有个类似的组织，名叫"和平阵营"：就连先前认为国际工人团结是反战疫苗的社会民主党人，也在国会投票支持战争公债的发行。同样的情况也发生在法国，社会党支持法国参战；在俄国，除了个别社会民主党人弃权之外，全员投票支持参战。

整个欧洲都洋溢着爱国热情，认为战争将是短暂的：英国士兵坚信他们能回家过圣诞节。只持续了两个月的普法战争至今还清晰地停留在人们的记忆里。然而，四十年过去了。步枪的射程、机关枪的火力和大炮的破坏力，都有了飞速进步，19世纪欧洲战争速战速决的特性也成了过去。

1914 年：全民大战

"去巴黎"，运送德国士兵到前线的车厢上经常会看到这样的标语。毛奇并没有严格执行施里芬计划，而是把集中兵力一翼包围的计划变成了平分兵力两路平推，减少了穿越比利时在阿尔萨斯—洛林地区牵制法军的左翼部队的士兵人数。这次重新部署削弱了德军的进攻力量，加上精悍的比利时军队的英勇抵抗，导致德军迟迟不能向巴黎进发。德国对比利时的侵略促使成千上万的英国人入伍，甚至出现了军服短缺的情况。英国与其他参战国不同，他们没有义务兵役制，英军是由专业的士兵组成。英国派出了一支规模不大的远征军，其中的 12 万人在蒙斯牵制了德军一段时间，使其无法进攻巴黎，法国军队也在北部阻击了德国军队。

当德国人向前推进时，法国军队总司令约瑟夫·霞飞遵照法国"第 17 号计划"的指示，对欧洲防御最严密的边境阿尔萨斯—洛林发动了正面进攻。成千上万的法国士兵身穿红裤蓝衫的显眼制服，他们对这次进攻表现出了极大的热情，然而却收效甚微，并最终倒在了德军的机关枪和大炮之下。这场"边境之战"又一次以法军的彻底失败和撤军而告终。

令人意想不到的是，法军的撤退却拯救了法国。德国认为法国会顽强抵抗，因此施里芬计划并没有考虑法军撤退的情况。在北方被击败的法国人和英国人聚集在巴黎，法国元帅霞飞则召集了后备役军人迅速组成了第六军，并将其部署在巴黎周边：如果德军像施里芬计划中计划的那样试图从西面包围巴黎，那么第六军便能打破德国的防线。面对这一新情况，德军指挥官决定放弃最初的作战计划，

奔赴法国参战的德国士兵

车厢上用粉笔写的句子体现了战争开始时普遍存在的近乎天真的热情："去巴黎旅行""在大道上幽会""战斗吧，太久不拔剑，手痒了"。就这样，一场几乎所有人都认为可以避免但实际上并没有人想避免的战争开始了。大家如欢庆节日一般，迎接着它的到来。

集中火力对付第六军。但由于两路德军在巴黎城下配合不佳，出现了巨大的空隙。

就在当时，60 岁高龄的、精力仍然充沛的法国将军约瑟夫·加利埃尼被召回巴黎来协助参与巴黎防务。1914 年 9 月 2 日，当巴黎的陷落似乎不可避免时，法国政府和议会被转移到波尔多，由加利埃尼任巴黎军事长官。当时的德军右翼筋疲力尽，驻扎在巴黎五十公里以外的地方，加利埃尼成功说服霞飞对德军发起反攻。这次反攻从 9 月 6 日持续到 9 月 9 日，战线长达 200 多千米。这场被称为"马恩河奇迹"的战役拯救了巴黎，还创造了"马恩河出租车传奇"：6000 名法国战士乘坐巴黎出租车增援前线。马恩河战役后，德军退守埃涅河并建立防御工事。德军的此次落败，导致包括毛奇在内的 33 名将军被免职，毛奇被免职后法尔肯海因取代了他的位置。

在马恩河战役之后，德法开始了一场"奔向大海"的行动：双方阵营都将自己的军队调集到北方，试图迂回包抄对方。然而双方都没有成功：这场竞赛导致了伊珀尔持久战（10—11 月），德国最终未能占领英吉利海峡港口。从法国北部加莱海峡到中立国瑞士之间形成了一条绵延 700 千米的战线。在接下来的三年半时间里，战线从未超过 15 千米。

点燃战争导火索的奥匈帝国，从一开始就表现出了军事上的弱势。奥匈帝国入侵塞尔维亚并占领了贝尔格莱德，但 12 月被当地军队赶出了塞尔维亚，当时的塞尔维亚军队中每两名士兵中只有一名携带步枪。俄军在加利西亚战役中歼灭了奥匈军队近 50 万人，并占领了加西利亚。沙皇军队动员比德国人预期的更早，他们兵分两路进攻东普鲁士，缓解了德国对法国的压力。但是，德国人在保罗·冯·兴登堡元帅的带领及埃里希·鲁登道夫的协助下，在 8 月的坦能堡战役和 9 月的马祖列克斯战役中重创了俄国。从 11 月 12 日起，由于土耳其与德国结盟，俄国人不得不两线作战。土耳其 1911—1912 年在北非（对意大利）和巴尔干半岛（对保加利亚、希腊和塞尔维亚）的战争中连连受挫，而与德国和奥匈帝国的联盟让土耳其看到了报复和补偿的机会，此外，还抑制了俄国在高加索和达达尼尔海峡的野心，以及英国占领美索不达米亚的企图。

几十年来，各国都在设想着一种能够速战速决的战斗方式，1914 年年底"堑壕战"横空出世，使这一想法变成了现实。这种作战方式由散兵坑演化而来，利用低于地面的战壕进行作战以保护士兵躲避炮弹。深受拿破仑战争时期理论影响的将军们，不断地让士兵们越过战壕、冲破防线，士兵们不可避免地撞到了枪眼和炮弹上。此外，还有一些新的破坏手段进一步加大了战争的伤亡程度。

1915 年：僵局

1915 年，交战各方试图通过攻击每个联盟中最弱的敌人使对方屈服，同时试图通过拉拢新的支持者而在人数上超过对方。德国采取了与施里芬计划相反的行动：攻击俄国，迫使其签署和平协议，然后将所有军队转移到西线。考虑到西线的重要性，法尔肯海因起初反对这一战略，因为那样会使德军陷入"无边的大海"，出现消耗大量人力物力占领俄国土地但却无法取得决定性胜利的情况。此时，奥匈帝国已经损失了200多万兵力，它越来越迫切地需要德国的帮助，在兴登堡和鲁登道夫的坚持下，法尔肯海因妥协了。

事实最终证明法尔肯海因是对的。俄国失去了波兰，向南撤退；然而，德国的胜利并没有摧毁俄国，沙皇的军队成功有序地撤退，并凭借俄国庞大的人口规模源源不断地补充替换阵亡的士兵。沙皇军队依旧奋战在前线。

由于俄国前线进攻需要大量的人力和物力，德国不得不在西线采取防御战略。为了把德军赶出法国领土，法国士兵对一队人数较少但戒备森严的德军发动了几次进攻。同盟国于春季和秋季在佛兰德斯、阿托伊斯和香槟地区首次使用毒气战，使得伤亡惨烈。意大利是三国同盟的成员国之一，但似乎不太受伙伴国的信任。战争之初，意大利宣布中立。然而，当协约国承诺满足其对奥地利领土的要求时，意大利突然倒戈，加入了协约国的行列。5月28日，意大利向奥匈帝国宣战。但在新的阿尔卑斯山前线，意大利军队由专治的将军路易吉·卡多尔纳指挥，同他们的对手一样战斗力低下。

在南部，德国鉴于其盟友奥匈帝国无力终结塞尔维亚，出兵巴尔干半岛。10月，在保加利亚的帮助下，德国占领了塞尔维亚。保加利亚之所以加入这场冲突，是为了试图弥补第二次巴尔干战争所造成的损失。另外，在当时的英国海军大臣温斯顿·丘吉尔的推动下，协约国决定在达达尼尔海峡发动进攻，但最终被土耳其挫败，土耳其帮助同盟国取得了巨大胜利。丘吉尔的目的在于为俄国打开通往地中海的通道，鼓励罗马尼亚和希腊与土耳其开战，甚至迫使土耳其投降。1915年4月，法国人、英国人和澳新军团（澳大利亚人和新西兰人）登陆欧洲海峡沿岸的加利波利半岛。由于糟糕的作战计划和由骁勇善战的穆斯塔法·凯末尔领导的土耳其军队的顽强抵抗，远征军损失惨重。在经历了夏季的痢疾和冬季的冻伤之后，协约国联军于12月再次登陆。1915年年底，德国及其盟友迫使俄国人撤退，镇压了塞尔维亚人，并在各个战线上遏制住了协约国的进攻，但却没有取得决定性的胜利。

1916 年：全面战争

1915 年 12 月，协约国（法国、英国、俄国和意大利）在法国尚蒂伊举行会议，决定在下一年发起三场同步进攻以打破战争的僵局。在西线，法国和英国计划在 7 月进攻索姆河，但法尔肯海因抢先一步，在凡尔登发动了"一战"中最大规模的进攻。

面对无法突破法军防线的局面，德军指挥官选择了一种新的战略：消耗战。与其说是征服凡尔登，不如说是要榨干法国的血。消耗战的目的是迫使敌人为捍卫国家荣誉进行反击，然后有计划地粉碎敌军，直到其兵力耗尽、被迫求和。对德军来说，这是一场"物资战"。为此，法尔肯海因进行了历史上最大规模的炮兵集结，在 13 千米的战线上部署了 1200 门大炮。这一行动代号为"审判"的战役开始于 2 月 21 日，轰隆隆的炮声在凡尔登上空回响，甚至在 150 千米开外的地方都能听到。此次战役还使用了一种新式武器：火焰喷射器。行动开始后 4 天，德军便占领了被认为坚不可摧的杜蒙堡。

法国似乎陷入了灾难之中。巴黎方面，菲利普·贝当将军被紧急派往凡尔登指挥保卫战。法国在凡尔登的输赢取决于救济物资的到来。因此，这条运送救济物资的狭窄小路被称为"神圣之路"。正是这条小路使法军在战斗的前七个星期向德国人发射了 500 万枚炮弹。4 月，贝当被提升为法国中央集团军司令官，原先的职位由罗贝尔·尼维尔顶替，与喜欢打防御战的贝当不同，尼维尔是一名狂热的强攻爱好者。

协约国在尚蒂伊举行会议时预料到了德国的进攻，于是采取多方措施减轻法国军队的压力。6 月，俄国对奥匈帝国的阵地发起了进攻；7 月，英国在索姆河发起了另一次进攻，迫使德国把凡尔登的部队派遣到其他战线；10 月，法国军队在一座可在 4 分钟内推进 100 米的移动炮塔的掩护下收复了具有象征意义的杜蒙堡。法国重新掌握了主动权。

这场历史上最长的战役于 12 月结束。凡尔登一役后，德军遭受重创，法国士兵则备受鼓舞、士气高昂。尽管损失惨重——法国军队总计损失兵力 377231 人，

战争中的世界：来自各大洲的士兵

第一次世界大战的规模前所未有。两个对立的联盟（由德国、奥匈帝国、奥斯曼帝国与保加利亚组成的同盟国和由法国、俄国、英国、意大利与美国组成的协约国）把他们的殖民地也拖进了冲突。欧洲大陆的其他国家为了领土利益参加了这场战争。共有 14 个欧洲国家、11 个美洲国家卷入了这场世界性的冲突。参战的美洲国家都在协约国阵营，但只有美国的介入对战争的结局起到了决定性的作用。

在非洲，法国人和英国人占领了所有的德国殖民地。在这片大陆上，保罗·埃米尔·冯·莱托·福尔贝克是唯一在战争中未被击败的德国指挥官，他带领着土著士兵阿斯卡利斯在德属东非英勇作战，成了一个传奇人物。在亚洲，日本选择了协约国阵营，夺取了德国在中国和北太平洋侵占的领土，这些地区成了日本今后扩张的起点。这场战争不仅发生在陆地上，海洋也是重要的战场，如 1916 年的日德兰半岛海战。德国人虽然最终取胜，但却付出了高昂的代价：德国舰队意识到自己的劣势，撤退到基地，直至战争结束。另外，在大西洋潜艇战中，德国企图通过切断英国的食物和原材料供应而使其屈服。

插图 协约国军队胜利纪念章。

其中 162440 人死亡，德国总计损失兵力约 337000 人，其中约 143000 人死亡——但法国人守住了凡尔登。这场战役对双方指挥官的命运都产生了深远的影响：法尔肯海因于 8 月被解职，由兴登堡取代、鲁登道夫协助，而尼维尔则在 12 月接替了霞飞。凡尔登的田野变成了人间地狱，炮弹把尸体炸得粉碎，老鼠以人和动物的尸体为食，到处都弥漫着腐烂的臭味。

凡尔登战役使法国军队损失惨重，索姆河战役的重任落在了由 10 万士兵组成的英国军队身上。由道格拉斯·黑格伯爵领导的英军司令部希望依靠大炮攻势取得胜利：在接下来的日子里，大炮必须扫平敌人的防御工事，让步兵畅通无阻地前进。轰炸

主要战役
停战协定的签署
战线:
1914年8月—9月
固定战线(1914—1918)
1918年7月
停战阵线(1918年11月)

鹿特丹
荷兰
敦刻尔克 布鲁日
安特卫普
伊珀尔战役
(1914年10月—11月)
阿拉斯
亚眠
拉昂
索姆河战役
(1916年6月—11月)
贡比涅战役
(1918年11月11日)
莫城
巴黎马恩河战役
(1914年9月)
维特里凡尔登之战
(1916年2月—12月)
法国
南锡

比利时
布鲁塞尔
马斯特里赫特
沙勒罗瓦
列日
科隆
德国
卢森堡
色当
兰斯
梅兹

普斯科夫
里加战役
(1917年9月)
维捷布斯克
默默尔
斯摩棱斯克
古谢夫战役
(1914年8月)
柯尼斯堡
德国
维尔那战役(1915年9月)
马祖列湖战役(1914年9月)
托伦
坦能堡之战(1914年8月)
沙俄帝国
华沙
布列斯特战役(1918年3月3日)
罗兹战役(1914年11月—12月)
布鲁西洛夫突围
(1916年6月—9月)
罗夫诺
克拉科夫 普热梅希尔战役
(1914年9月—1915年8月)
奥匈帝国

主要战役
停战协定的签署
战线:
1914年12月
1915年12月
1917年12月(停战)

罗马尼亚
布加勒斯特战役
(1916年11月—12月)

东西两线

　　虽然部分非洲和亚洲国家也参与了"一战",但欧洲及其西线才是主要战场。在面积辽阔的东部战线上,交战双方都不可能赢得决定性的胜利。就像拿破仑战争一样,沙俄帝国地域辽阔,补给线在某些不通公路和铁路的地方变得又长又脆弱,军队无法继续推进。同时,这也影响了俄国人的反攻。西线对所有人来说都是决定性的:各国大战,试图争夺霸主之位。铁路线和公路直接通往战场,每天都有成千上万吨的武器和装备及成千上万的士兵进入战壕(在马恩河战役中,法国士兵甚至乘坐出租车奔赴前线)。这些高效的交通工具促成了1916年的消耗战——凡尔登之战,数十万士兵因此丧生。

于1916年6月24日开始。英军在不到30千米的战线上总共发射了150多万枚炮弹。最后一次轰炸开始于7月1日上午6点25分。在一个小时内,历史上最猛烈的"炮弹雨"落在了德国人身上,甚至在英国都能听到轰鸣声。但炮弹并没有摧毁带刺的铁丝网,也没有到达最深可达9米的德国战壕。上午7点30分,10万名英国步兵列队前进。他们背着30千克的背包,遭到德军机枪和大炮的严重杀伤。这是英国军队历史上最血腥的一天:英军伤亡人数总计57570人,其中19240人死亡。首次进攻失败后,索姆河战役成了另一场消耗战。它持续的时间比凡尔登战役略短,但相比杀伤力却大得多:索姆河战役于11月结束时,德军伤亡人

凡尔登战役："绞肉机"

1915 年，德国总司令法尔肯海因决定进攻法国的要塞城市，粉碎法国军队。法尔肯海因希望让法国血流成河，造成 1 : 2.5 的伤亡比例（牺牲 2 名德军以剿 5 名法军），逼迫法国耗尽力量、主动求和。

最终，法尔肯海因选择凡尔登作为目标。1792 年和 1870 年法军在凡尔登抵抗普鲁士军队，因此具有象征意义。这次战役开始于 1916 年 2 月 21 日，德军先是用大炮连攻 9 小时，随后，突击部队带着新武器——"火焰发射器"向前推进。德军占据了主要的防御阵地：号称坚不可摧的杜蒙堡于 25 日陷落。正如法尔肯海因所预料的那样，法国人誓死守卫凡尔登。此次战役总共持续了 10 个月：仅仅 7 月，小镇弗勒里就 16 次易手。凡尔登一役，体现了全新的战斗模式：大量使用大炮、争夺制空权、强大的后勤物流需求。法国动用了 6000 余辆车，通过巴勒迪克到凡尔登的公路向前线运送人员和物资。德国空军没有轰炸这条路线，而是打算待法军到达屠宰场——凡尔登之后，将其一网打尽。10 月，法国重新夺回了杜蒙堡。凡尔登战役于 12 月结束，双方都伤亡惨重，近 30 万士兵丧生。

插图 （左下）新的德军钢盔；（右）法军在凡尔登的进攻路线图，影像取自电影《凡尔登，历史的幻影》（*Verdun, visions d'histoire*）(1928)。

数已达 45 万，英军伤亡人数达 42 万，法军伤亡人数达 20 万。在索姆河战役中，英军首次使用了坦克。在未来的战争中，坦克将和飞机一起发挥重要作用。

凡尔登和索姆河战役表明，集中军队和武器的做法并不一定能够冲破敌人的防线。俄国将军阿列克谢·布鲁西洛夫尝试了另一种策略。鉴于进攻前的长时间轰炸和军队的集结使敌人提高了警惕，6 月，他在 300 多千米的战线上进行了短暂的炮击后，对奥

匈帝国军队同时发动了四次攻击。奥匈帝国军队节节溃败，损失
兵力70万，其中包括40万俘虏，并在攻击开始到7月中旬撤退
了大约100千米。

　　面对奥匈帝国军队的无能，德国不得不接过对它的控制权。
俄国虽然获胜，实力却大不如前：沙皇军队在这场战役中损耗近
百万人，元气大伤。俄国和奥匈帝国都处在技术崩溃的边缘。

　　俄国的胜利促使罗马尼亚加入协约国，占领了时属奥匈帝国

1916 年 4 月：爱尔兰复活节起义

1914 年 5 月，英国下议院批准了地方自治。这项由爱尔兰民族主义党成员提出的为爱尔兰建立自治政府的法律，从"一战"开始到结束都被暂停执行。

这项法律的冻结导致了一群渴望独立的爱尔兰民族主义者的起义。他们全副武装，加入了盖尔族知识分子帕特里克·皮尔斯领导的爱尔兰共和国兄弟会，或由社会主义者詹姆斯·康诺利领导的爱尔兰公民军。1916 年 4 月 24 日，即复活节星期一，他们携带从德国人处购得的武器，在都柏林发动起义，皮尔斯单方面宣布爱尔兰独立。起义最终被英国的炮弹镇压，叛乱分子于 4 月 29 日投降。此次起义总共造成 500 余人死亡、近 3000 人受伤。爱尔兰民众并未参加此次起义，但处死包括皮尔斯和康诺利在内的 15 名叛乱领导人的决定激起了民众的愤怒，致使民众纷纷支持爱尔兰新芬党的独立运动，该党派在 1918 年成为爱尔兰的主要政治力量。

插图　起义期间在都柏林作战的英国士兵。

的特兰西瓦尼亚西部地区。俄军陷入瘫痪之际，德国、土耳其和保加利亚在 12 月占领了罗马尼亚的大部分领土。虽然协约国在巴尔干半岛失去了罗马尼亚的支持，但却收获了一名新盟友：希腊。希腊国内分为两派，一方是国王君士坦丁一世，他是德皇威廉二世的妹夫，属于亲德派；另一方则是首相埃莱夫塞里奥斯·韦尼泽洛斯，力主希腊加入协约国阵营。11 月，希腊对保加利亚宣战。1916 年年底，冲突陷入僵局，粮食定量配给制度的实行，使百姓的不满情绪日益增长。德国随后将目光投向了海上战场。

1917 年：僵局被打破

1917 年年初，兴登堡和鲁登道夫掌控了德意志帝国的权力，他们统治着的这个国家实际上已经变成了一个名副其实的军事独裁国家。西线的僵局促使他们把军队集中在"兴登堡防线"后面。"兴登堡防线"是指挥官兴登堡为防御协约国军队而强迫民工修建的壕沟和防御工事系统，总长约 160 千米，距离索姆河不远。这条防线为德国人清除了协约国的 13 个师、缩小了战线范围。与此同时，德国试图在潜艇战中取得胜利。德国受到英国舰队的海上封锁。英国的海上优势不仅限制了德国经济的发展，而且还在"一战"期间唯一的海战——日德兰海战（1916 年 5 月至 6 月）之后，把德国海军限制在了港口。德国的战略家们决定发动一场潜艇战争，摧毁运送物资的船只，以此来遏制英国。德国军队夺取了英国居民的基本生活必需品，并认为六个月后英国人必将被迫妥协求和。

正如完全可以预见的那样，德国的这一举动引发了美国的参战。早在"卢西塔尼亚号"被鱼雷击沉、导致 128 名美国人丧生之时，美国就已经敦促德国人减少潜艇攻击。在德国人看来，美国已经通过向协约国提供信贷和补给的方式间接参与了战争。德国的指挥官们希望在美国正式卷入冲突之前迫使英国就范。

"大贝莎"巨炮

"一战"期间德国研制的重炮，以发明者的妻子贝莎·克虏伯命名。

兴登堡和鲁登道夫

　　1914 年，曾在普法战争中服役并于 1911 年退役的保罗·冯·兴登堡（左）被召回东线与俄国人作战。兴登堡的副手名叫埃里希·鲁登道夫（右），是一名杰出的将领，在围攻比利时列日要塞的战斗中，鲁登道夫发挥了决定性的作用。坦能堡和马祖列斯湖战役中对俄国的胜利使兴登堡名气大振，但事实上，鲁登道夫才是这个"两人组"中最杰出的战略家。自 1916 年兴登堡取代法尔肯海因担任德国总参谋长起，这两位将军控制了战争及整个德国政坛。

弹药女："一战"中的女性工作者

第一次世界大战带来了重大的社会变革。例如，大量的男性卷入战争，原先由他们承担的工作不得不转移到女性身上，以弥补男性的空缺。从 1915 年起，妇女在英国的军工业中起到了决定性的作用。

1915 年春天，协约国军队进攻阿尔图瓦，需要更多的弹药：新沙佩勒战役的前 35 分钟内发射的炮弹比整场布尔战役期间发射的炮弹还要多。现代战争取决于工业发展，而工业发展则依赖于妇女。丘吉尔宣称，没有她们的努力就不可能赢得战争。战时，英国军工行业的女雇员人数从 21.2 万增至 92.3 万。工人们的工作时间很长，接触的材料也有毒性：复合硝酸盐（特屈儿炸药和三硝基甲苯，即"TNT"）会导致黄疸、皮肤变黄，因此弹药被称为"金丝雀"。此外，它还会引发皮炎、呕吐、腹痛、贫血或肝炎等疾病。

插图 第一次世界大战期间英国军工厂的女工人。

1917 年 2 月 1 日，德国宣布进行无限制潜艇战。被击沉的货品数量急剧增多，在 1917 年第二季度达到了 220 万吨的峰值。但是英国并没有投降。他们开发了水听器来定位潜艇，发明了深水炸弹来击沉潜艇，并派出大量护航舰艇，大大降低了沉船的数量。一个新的力量加入了战争：美国。

然而，北美的公众舆论却不愿美国卷入这场冲突。1916 年，伍德罗·威尔逊在竞选中凭借"他使我们远离战争"的口号赢得了总统大选。2 月 3 日，由于德国宣布无限制潜艇战，威尔逊断绝了与德意志帝国的外交关系。3 月，"齐默尔曼电报"

美国宣布参战

1917年4月2日，托马斯·伍德罗·威尔逊要求美国国会向德国宣战。尽管威尔逊是个和平倡导者，但德国领导的潜艇战导致美国这样一个深受欧洲战争影响的移民国家卷入了这场冲突。有英国血统的人支持英国，而爱尔兰人或有德国血统的人则憎恨英国，同样，犹太人或波兰人也憎恨俄国。

被曝光。在这份电报中，德国提出与墨西哥结盟对抗美国。如果胜利，墨西哥人将收回美国在1848年从墨西哥手中夺走的领土。这一事件加上美国船只被德国潜艇击沉，加剧了美国的反德情绪。4月6日，美国对德国宣战。参战之初，由于没有义务兵役制，美国士兵数量不足，直到1918年才准备好采取实际行动。

另一大事件也影响了交战双方的走向：俄国革命。在俄国，食品和燃料短缺，工厂由于缺乏原材料而倒闭，爆发了大规模的罢工和骚乱。1917年3月8日（俄历2月23日），工人们开始在彼得格勒（圣彼得堡的新名称）举行示威活动。哥萨克人（生活在东欧大草原的游牧社群，哥萨克人组成的骑兵是沙俄的重要武力）拒绝对其镇压。没有军队的支持，沙俄政权注定要灭亡。沙皇尼古拉二世试图解散第三届国家杜马。3月12日，俄国资产阶级民主革命取得胜利，国家杜马中的资产阶级和地主代表成立了国家杜马临时委员会，3月14日，国家杜马临时委员会和孟什维克、社会革命党人达成关于成立临时政府的协议，3月15日，俄国临时政府成立。同时，彼得格勒的工人和士兵建立了新的政权——苏维埃政府，控制着俄国的工业生产和铁路系统，这样便形成了两个政权并存的局面。

沙皇已经失去了他所有的威望：作为军事领导人，他要对影响人民的深重灾难负责。3月15日，尼古拉二世退位，让位给他的弟弟米哈伊尔大公，第二天，米哈伊尔也宣布退位。统治了俄国304年的罗曼诺夫王朝被二月革命推翻，俄国资产阶级民主革命获得了胜利。由格奥尔格·利沃夫王子领导、自由派团体支持的临时政府执意让俄国继续参战。然而，临时政府继续战争的热情被现实无情地浇灭了：俄国军队因士兵叛逃及军需供给问题不断缩减，士兵们在苏维埃阵营集结，临时政府的军官们的权威受到挑战。此外，俄国民众强烈反对战争，社会主义各党派要求和平、拒绝兼并。

4月16日午夜，在列宁的带领下，众人抵达首都。布尔什维克人打着"面包、土地与和平"和"一切权力属于苏维埃"的口号是如此直击人心，很快便显示出了他们的革命颠覆潜力。

第二次埃纳河战役，卡波雷托战役

列宁抵达彼得格勒的18个小时前，2600千米外的协约国军队在法国埃纳地区发动了一场大规模的进攻，这场战役由上任四个月的尼维尔将军策划。和凡尔登战役时一样，尼维尔坚信，移动炮塔能有效掩护步兵前行。然而，他这次面对的是令人生畏的兴登堡防线。法军面对精心设计、工事密布的防线全面溃败。4月16日至29日，法军损失了134000人，其中80%的法军在第一天就阵亡了。尼维尔被免职，取而代之的是贝当将军。大屠杀压垮了士兵们，法国112个步兵师中的68个爆发了叛乱。贝当通过43次处决（629名士兵被判死刑）、改善士兵的生活条件和停止

一场前所未有的战争

1914 年至 1918 年，战争的面貌发生了彻底的变化，这一点尤其反映在士兵的装备上：迷彩服变得更加普遍，钢盔取代了军帽，防毒面具成为常态，步枪和手枪上增加了火焰发射器和机关枪。大炮的威力和使用规模，均前所未见。炮弹的轰击迫使士兵们长期躲在壕沟中作战，而这些壕沟只能由一种新式装甲车——坦克穿过。飞机开始用于作战，并且变得越来越专业化：战斗机、轰炸机、侦察机……而海上大战则出现了新元素——潜艇。在这方面，德国占有优势，当年的德国如果更早一步研制出潜艇的话，对它的敌人来说可能是致命的。

右图 一艘德国潜艇击沉一艘英国渔船。这是由擅长描绘战争场景的德国画家克劳斯·毕尔根于 1917 创作的一幅水彩画。

信天翁猎人 D-3

配有两支机关枪，最高时速达 176 千米 / 小时，这架飞机在 1917 年春天为德国空军的霸主地位做出了贡献。

飞机

1914 年，交战双方共拥有约 800 架飞机；在战争期间，各国总共建造新飞机近 15 万架。

潜艇

德 国 1914 年拥有 28 艘潜艇；战争期间建造了约 400 艘，损失 178 艘。

火炮

德国军队在 1914 年拥有 180 门不同口径的迫击炮；1918 年 1 月，共有 16127 门。

坦克

世界上第一辆坦克名为
"马克1型",由英国人建造,
1916年9月首次出现在索姆
河战役中。它重约30吨,时
速3.2千米,可搭载8人。

法国战争贷款的海报

这张宣传海报上画了一辆
巨型坦克。事实上,法国最好
的战车体积并不大,名叫"雷诺
FT",长约5米,重7吨,可搭
载两人,即一名司机和一名枪手。

化学战的开始：致命药剂的使用

化学的进步得益于 19 世纪末第二次工业革命的发展，但在第一次世界大战的战场上却是致命的。交战双方大量使用毒气，使这场冲突变成了惨无人道的大屠杀。

"一战"过程中，使用了不同类型的化学物质：刺激性物质，如催泪瓦斯；瘫痪剂，如芥子气（由诺贝尔奖得主弗里茨·哈伯发明），吸入时会灼伤皮肤和黏膜，影响气管和肺；窒息剂，如光气和氯气，通过在肺部产生过多的液体（肺水肿）使受害者窒息。最早使用毒气的是法国人，他们在 1914 年 8 月向德国人发射了刺激性毒气。1915 年 4 月，德国人在第二次伊珀尔战役中首次使用了致命的氯气，一团有毒的淡黄色烟雾致使法军仓皇撤退。为了应对化学武器的袭击，士兵们不得不戴上防毒面具。

插图 一名戴着面具的澳大利亚士兵，摄于佛兰德斯。

进攻等措施重新恢复了秩序。而后，法国采取防御性攻势，等待美国军队的到来。

由于法国的衰落和俄国的危机，只剩下英国是可以进攻的协约国。1917 年 7 月，在伊珀尔附近的一次攻击中，黑格提议袭击比利时佛兰德斯的德国潜艇基地。德国人英勇地进行了自卫，多雨的八月将佛兰德斯的黏土变成了泥沼，吞噬着士兵和战车。此次战役名叫巴雪戴尔战役，又称第三次伊珀尔战役。协约国军队虽然获胜，但却付出了血的代价：加拿大派出了约 16000 人参战，然而最后幸存的只有大约 1/5。11 月初，这场新的索姆河战役结束时，共有 7 万名士兵丧生。这一战中，英国和法国还调动了空军增援意大利。自开战以来，意大利人已经在伊松佐河打了 11 场战役，并且刚刚在卡波雷托（今斯洛文尼亚的科巴里德）输掉了第 12 场。德国在东线将俄国打得溃不成军后，又于 10 月 24 日支援奥匈帝国发动了进攻。意大利士兵疲惫不堪、士气低落，被德奥联军在卡波雷托一举击败。虽然卡尔多纳将军对意军要求严苛，但结果却令人意外：28 万士兵投降，35 万士兵叛逃，4 万名意大利士兵伤亡。11 月 9 日，意大利、法国和英国将战线稳定在了距威尼斯仅 30 千米的地方。

俄国革命

卡波雷托战役结束时，恰逢布尔什维克夺取俄国政权。此前 8 个月，俄国政治和社会的紧张局势不断加剧。1917 年 5 月，临时政府总理格奥尔基·利沃夫试图通过拉拢社会革命党人，打破临时政府的僵局。其中一名社会革命党人亚历山大·克伦斯基成了临时政府司法和军事部长，并领导新一轮的进攻。7 月，进攻失败，激起了只想回家拿一小块地、靠种田为生的农民士兵的愤怒，也耗尽了前线士兵的最后一丝士气。反战情绪达到顶点：工人们在彼得格勒起义，驻扎在该市的士兵和克伦施塔特附近海军基地的水兵也加入了起义的行列。起义最终被镇压，被指控组织此次起义的布尔什维克派或被逮捕或逃离。列宁逃往芬兰避难。克伦斯基作为唯一一位同时兼任彼得格勒苏维埃政府和国家杜马的部长，接替利沃夫出任总理。

克伦斯基任命反革命的拉夫尔·科尔尼洛夫将军为俄军最高统帅。9 月，在右

苏维埃士兵大会

1917年2月，会议在彼得格勒塔夫利宫的凯瑟琳大厅举行。凯瑟琳大厅也曾是俄国民主建设失败的地方：1906年到1917年，杜马（被沙皇尼古拉二世剥夺了所有权力的议会）就是在这里举行的。

彼得格勒枪击

1917年7月4日，人群在临时政府部队的炮火下散开（第82—第83页）。

翼的鼓动下，科尔尼洛夫发动政变，试图推翻临时政府，建立军事独裁政权，最后由于布尔什维克反对而以失败告终。这次失败的政变壮大了布尔什维克的势力，削弱了临时政府的统治力量。与此同时，士兵叛逃，农民占领土地，俄国少数民族（波兰人、乌克兰人、芬兰人、波罗的海人……）要求自治或独立。临时政府的权威逐渐消失。

列宁回到彼得格勒，成功说服布尔什维克领导层进行武装起义。11月6日至7日晚（俄历10月24日—25日），布尔什维克领导的工人武装，联合克伦施塔特水兵和革命士兵发动革命，在没流一滴血的情况下夺取了冬宫（沙皇故居，现临时政府所在地）和其他政府大楼。11月7日夜

晚，起义部队攻打冬宫时，布尔什维克全俄苏维埃第二次代表大会开幕。孟什维克和社会革命党人因反对革命，愤然离席以示抗议。见此情景，托洛茨基说道："去你该去的地方吧！历史的垃圾箱！"在左翼社会革命党人的支持下，布尔什维克成立了人民委员会，列宁当选主席，托洛茨基负责外交事务，斯大林负责少数民族事务。

为了赢得人民的支持，新政府颁布了两项与列宁主义的《四月提纲》相呼应的法令，废除了大地主制度；并同意与同盟国进行和平谈判。随后，建立了工人对国家大型工业企业的监管机制，并承认所有人民地位平等、人人都是国家的主人。

列宁和苏维埃代表大会

1917 年 11 月 8 日（俄历 10 月 26 日），列宁在全俄苏维埃第二次代表大会上发表讲话。在这动荡的会议期间，列宁起草的关于和平谈判和废除大地主制度的法令获得批准。会议在斯莫尔尼宫召开。

插图 《列宁宣告苏维埃的权力》，弗拉基米尔·亚历山德罗维奇·塞罗夫绘（1947 年第一版）。

"背后插刀说"

1919 年 11 月 18 日，兴登堡元帅在国民议会的一次委员会上表示，德国的失败是由一个"背后捅刀子"的阴谋导致的，这个阴谋旨在瓦解德国的武装力量。这一为军队开脱失败责任的理论在战后盛极一时。

1918 年 9 月底，德军已是强弩之末。10 月 4 日，德国成立议会制民主政府，巴登亲王马克西·米利安被任命为首相。鲁登道夫坚持立即开始和平谈判，并利用德皇威廉二世的随从在巴登新政府中安插了社会党人。就这样，鲁登道夫向总参谋部解释说："如今看来，签署和平协定是不可避免的，这项重任将会落在社会党人身上。"这为"背后插刀说"铺平了道路，即德国军队不是在战场上被击败的，而是遭到了社会党人、革命党人和犹太人的背叛。许多德国人都接受了这一说法，希特勒也是如此。他在《我的奋斗》一书中描述了他得知德国投降时的感受："一切都是徒劳的……所有的牺牲和困苦都是徒劳的……200 万人的牺牲最终没有换来成功。难道这一切都是为了今天让一群可怜虫占领祖国而发生的吗？我们怎样才能向后代解释现在的情况呢？""背后插刀说"剥夺了魏玛共和国的合法性，为极端右翼的政治暴力提供了借口：1919 年，自由军团杀害了德国共产党精神领袖罗莎·卢森堡，签署1918 年停战协议的德国政治家马蒂亚斯·埃尔兹伯格被害；1922 年，本可以凭借自己的才华振兴战后德国经济的犹太人实业家瓦尔特·拉特瑙被暗杀。

插图 1924 年德国民族大众党的选举海报。

对于兴登堡和鲁登道夫来说，1918 年，德国必须在美国介入之前击败法国和英国。而德国的敌对方——法国、英国、意大利正经历着战争中最关键的时刻。协约国节节败退，忍受着物资短缺和通货膨胀的人民处于极端疲惫的状态：社会治安破坏，罢工日益频繁，要求和平的呼声越来越高。

1918 年：战争尾声

1918 年，德国的第一次进攻开始于 3 月的索姆河，德国以损失 78000 士兵为代价冲破了对方的防线，推进了 64 千米，甚至成功地用一门射程 120 千米的大炮轰炸了巴黎。但此时德国军队已经筋疲力尽，并且物资供应极其不稳。协约国军队在法国将军斐迪南·福煦的指挥下开始反攻。鲁登道夫在向巴黎进军的途中停下来并发动了进攻。

鲁登道夫试图夺取协约国军队控制的英吉利海峡港口，取得阶段性胜利后在 19 千米处被协约国军队拦截。1918 年 5 月，德国人在埃纳地区发动了一场新的进攻，进攻地点位于通往法国北部马恩河的贵妇小径，这离巴黎只有 90 千米。受到美国人的阻击，德军又一次被截断了。7 月，鲁登道夫在马恩河发动了最后一次大规模进攻，遭到了对方坦克和飞机的反攻。英军和澳新军团在 8 月袭击法国北部城市亚眠，大量使用这些新式武器。这次进攻在第一天就造成了 27000 名德国士兵伤亡，其中包括 12000 名囚犯，这充分证明了士兵们的疲惫不堪。9 月，协约国军队对整个前线发起进攻，成功越过兴登堡防线。德军的障碍一点点被扫除，协约国军队前进之路越来越畅通：1918 年，德意志帝国已经损失了 200 万名士兵，后备兵役缺乏，而敌军的数量却持续增长——那时，平均每天有 10000 名美军士兵抵达欧洲。

同盟国的瓦解

德国渐渐失去了盟友。首先是保加利亚，在意大利、塞尔维亚、法国、英国和希腊军队联合从希腊发动攻击之后，保加利亚于 9 月 29 日签署了停战协定。同样在 9 月，埃德蒙·艾伦领导的英军和传奇人物托马斯·爱德华·劳伦斯领导的阿拉

1918 年签署的停战协定

　　在法国贡比涅附近的一块空地上，停战协定的签署者们在他们会面的车厢前合影留念。当德国代表团出现在福煦将军面前时，福煦命令代表团成员之一的德特洛夫·冯·温特菲尔德将军摘下他战前获得的法国荣誉军团十字勋章。德国方面的签署人是支持德国政府的天主教中央党领导人马蒂亚斯·埃尔兹伯格。马蒂亚斯·埃尔兹伯格别无选择：只要德国不签署停战协议，海上封锁就不会解除，德国民众就会继续挨饿。德国军方领导人逃避了投降的责任（和耻辱）：鲁登道夫辞职后逃到瑞典，德皇威廉二世退位后流亡荷兰。

伯军队，在巴勒斯坦发动了大规模进攻，并于 10 月中旬控制了现在的叙利亚和黎巴嫩；同月 30 日，土耳其签署了停战协定。此外，在奥匈帝国，少数民族宣布独立。10 月，维托里奥·维内托战役以意大利的胜利而告终，奥匈帝国军队遭受致命一击，匈牙利国王查理一世（他的叔祖父弗朗茨·约瑟夫于 1916 年去世）被迫于 11 月 3 日同意停战。

可能是出于报复的心理，鲁登道夫希望与北美人谈判，而不是与法国人和英国人谈判。为了与美方谈判，鲁登道夫和威廉二世积极物色人选：他们最终选择了被任命为总理的自由派贵族巴登亲王马克西·米利安，谈判时间拟定于 10 月 3 日。但美国总统威尔逊表示，他只会与民主德国的代表谈判。这导致鲁登道夫考虑要继续战斗。这一次，军方领导人断然拒绝了他的想法，鲁登道夫在德皇的逼迫下于 10 月 26 日辞职。

然而，这一措施并不能拯救德意志帝国。协约国军队慢慢向德国边境挺进，直到此时，一直被政府宣传蒙骗的德国士兵才意识到自己的国家已被击败了。德国民众和士兵都拒绝做出更多的牺牲。10 月 29 日，德国舰队接到命令与英国海军交战，引发了罢工和骚乱。舰队水兵突然哗变，叛乱一直蔓延到德国西北部，同时水兵们像俄国一样，通过选举产生了工人和士兵委员会。

1918 年 11 月 8 日，社会民主党人库尔特·艾斯纳宣布巴伐利亚社会主义共和国成立。军方受俄国革命的影响，决定反对这场正在兴起的革命。这意味着必须结束战争，废除德国侵略性军国主义的化身——德皇。11 月 9 日，威廉二世退位，社会民主党在柏林宣布魏玛共和国成立。随后，威廉二世逃往中立的荷兰，社会民主党右翼领袖弗里德里希·艾伯特出任魏玛共和国第一任总统。

同日，由天主教中央党领导人马蒂亚斯·埃尔兹伯格率领的德国代表团开始就停战条件进行谈判。会晤在法国贡比涅距雷通德森林不远处的"福煦车厢"内举行，这里曾是福煦将军出行途中的办公地点。1918 年 11 月 11 日凌晨 5 点刚过，埃尔兹伯格签署了停战协定。德军将撤离所有被占领的土地，并交出 5000 辆火车头、15 万节火车车厢，以及军舰、潜艇、飞机和几乎所有的武器装备。停战协议于当天上午 11 点正式生效。

《巴黎和会》(1919 年)

坐在中间的三人，从左至右
依次为美、法、英三国元首伍德
罗·威尔逊（Woodrow Wilson）、
乔治·克里孟梭（Georges Cle-
menceau）和大卫·劳合·乔治
（David Lloyd George）。本画是劳合·
乔治委托威廉·奥本先生（William
Orpen）创作的三幅用来纪念《凡
尔赛条约》签订的画作之一（藏
于伦敦的帝国战争博物馆）。

插图（右侧）威尔逊的漫画
肖像。

极端主义困境中的欧洲

和平条约缔造了一个充斥着民族主义的欧洲。而此时，面对陷入困境的欧洲，美国选择袖手旁观，并且也经历了一场严重失衡的繁荣。

1918 年，第一次世界大战停战协定的最终签署结束了长达四年的冲突，超过 900 万人在这场战争中丧生。这场战争所引发的暴力与之前的冲突相比有着天差地别：16.8％的法国人参与其中，14.5％的德国人丧生，两个阵营中共有 40％的人员受伤。仅在法国，就有近 500 万人受伤，其中有 100 万人致残。他们当中有很多被诊断为"下颌骨折"并因此毁容，而对更多的人而言则是心理上的摧残。在德国表现主义画家的绘画，如奥托·迪克斯（Otto Dix）的作品《战争》组画和乔治·格罗兹（George Grosz）的《灰暗的日子》等作品中，我们可以看到很多因战争而致残或毁容的人物，50 万的德国士兵不得不接受截肢。此外，在统计战争所导致的丧生人数时还应该加上约 1200 万的平民。

目标：德国的非军事化

协约国军队计划摧毁德国用以实现其扩张主义的主力军。他们销毁了 600 万支步枪、超过 15000 架飞机、13 万挺机枪和数千门大炮。

《凡尔赛条约》取消了德国的义务兵役制，其军队人数被削减到 10 万人，不得配备坦克、毒气和重型武器。舰队实力也大大降低：没有潜艇，仅由 6 艘装甲舰、三十几艘小船和 15000 人组成。但是，德国军队仍充斥着战前思想，并受到"背后插刀说"理论（Dolchstosslegende，第一次世界大战后出现的一种谬论，认为德国战败是由于"后方的背叛"，也就是革命所致）的影响而变得更加坚定：他们坚信自己比平民优越，鄙视政客、拒绝民主，厌恶社会主义并怀有泛日耳曼主义的野心。1919 年 1 月，威廉·格罗纳（Wilhelm Groener）将军帮助德国社会民主党主席埃伯特（Ebert）结束了斯巴达克斯革命，保证了共和国的存续；作为交换，军队在国家机器内几乎变成了完全自主的力量。

插图 按照《凡尔赛条约》被销毁的德国大炮。

威尔逊支持和平

威尔逊认为克里孟梭报复心太强，而法国人则认为美国人虚妄自大："欧洲是多么愚昧无知！与他相处多么的艰难！哪怕上帝只是用十诫约束人类，而威尔逊却谦虚地向我们提出了'十四点'。"

1919 年 1 月 12 日，巴黎和平会议在战争带来的死亡、破坏和仇恨的氛围中举行。胜利阵营的四个主要成员国做出了此次会议近乎所有的决议，威尔逊、克里孟梭、劳埃德·乔治和意大利总理维托里奥·奥兰多（Vittorio Orlando）分别作为代表出席。威尔逊率领协约国阵营，以其本人提出的"十四点"为基础，最终达成协议。而正是根据此协议，德国人以民主的方式选举出了后来的统治者。在这场会议中，德国和其他战败阵营的国家一样完全被排除在谈判之外，而此番场景在之前的和平协议谈判中从未出现过。因此，德国人认为这次会议的决议完全是被迫接受的。

重塑之后的欧洲

这次会议，抑或说威尔逊会议的想法是建立一个更加公正的世界秩序以预防一场新的大战。然而，会议却最终成了完成两个强制性目标的工具：控制德国（威尔逊说"世界各国都有解除德国武装并使其用一代人的时间去思考的道义责任"）和遏制来自苏俄的革命。因此，重塑欧洲成为必要之举。

欧洲的重塑首先由俄罗斯帝国、奥匈帝国和奥斯曼帝国的瓦解开始，重塑过程遵循威尔逊坚决捍卫的"自决原则"。所谓"自决原则"，即建立与民族团体相对应的国家。这个概念对中欧和东欧而言是没有意义的，因

新边界：民族的欧洲

1919 年，俄国、德意志和奥匈帝国消失了，奥斯曼帝国也处在全面瓦解的边缘。这使得巴黎和会能够按照伍德罗·威尔逊的"十四点"宣扬的"自决原则"来绘制新的欧洲地图。

这个原则被任意滥用。针对德国，人们反对它与讲德语的新奥地利相联合。部分德国人（如同保加利亚和匈牙利人一样）被划分到其他国家，这与威尔逊的理论是完全相悖的。自决权被用来惩罚战败者、扩大胜利者的领土，并在德国《布列斯特—立托夫斯克和约》所控制的领土上建立新的国家形成隔离带，以孤立苏俄。其中，芬兰、波罗的海三国和波兰幸存了下来；乌克兰、白俄罗斯、格鲁吉亚和阿塞拜疆被苏俄占领；亚美尼亚被后者和阿塔图尔克的土耳其人瓜分。法国和英国在争相占领奥斯曼帝国的领土（巴勒斯坦、外约旦、叙利亚、伊拉克）。

新国家
暂时独立的地区
有争议的地区
被占领的地区以及非军事地区
暂时自由的城市
被兼并的土地：
被主要帝国及其盟友兼并的土地
被沙俄帝国/苏维埃社会主义共和国联盟兼并的土地

为数百年以来中欧和东欧的人口和宗教就是相互融杂的。但事实证明，在几个缓冲国家的作用下，它对孤立革命中的俄国（未被邀请参加巴黎和会）有着显著的效果。在《布列斯特—立托夫斯克和约》之前，被德国占领的俄罗斯帝国领土之上几个独立的国家建立起来：芬兰、波罗的海三国（爱沙尼亚共和国、拉脱维亚共和国和立陶宛共和国），以及在消失 120 年后得以重生的波兰，其中还包括一些德国的领土。在高加索地区，试图从苏俄夺取亚美尼亚、格鲁吉亚和阿塞拜疆的尝试以失败告终，因为土

地图标注：
苏兰
典
爱沙尼亚
拉脱维亚
苏俄
立陶宛
丹齐格
马祖里亚
波兹南
白俄罗斯
（1919—1921年）
波兰
亚
加利西亚
斯洛伐克
布科维纳
匈牙利
乌克兰
（1917—1920年）
伏伊伏丁那
特兰西瓦尼亚
比萨拉比亚
斯拉夫
929年）
罗马尼亚
黑海
亚美尼亚
（1918—1921年）
马其顿
多布罗加
阿尔巴尼亚
科尔察
保加利亚
布拉戈耶夫格勒
希腊
伊斯坦布尔
十二群岛
地中海
土耳其
伊兹密尔

耳其民族主义者和苏俄在 1921 年签署协议，两
者都同样反对法国和英国的帝国主义。在欧洲
中部，一个凝聚了西斯拉夫人的新国家成立：
捷克斯洛伐克。领土覆盖工业化的捷克（之前
属于奥地利）、斯洛伐克和罗塞尼亚的乡村地区
（之前属于匈牙利）及德国的苏台德人生活的地
区。在巴尔干地区，前塞尔维亚扩张为南斯拉
夫王国（意为"南斯拉夫人"），领土包括斯洛
文尼亚和波斯尼亚—黑塞哥维那（之前属于奥
地利）、克罗地亚（之前属于匈牙利）和黑山共
和国。罗马尼亚则吞并了奥地利的布科维纳和

革命，法西斯主义，缓和

1919年

巴黎和会 欧洲新版图。《凡尔
赛条约》宣布德国对战争负责，
并迫使其支付赔偿。

1922年

《拉帕洛条约》 俄国和德国之
间的经济和军事合作。"进军罗
马"：墨索里尼掌权意大利。

1923年

法国和比利时占领了鲁尔 德国
极度通货膨胀。希特勒和鲁登道
夫在慕尼黑的政变失败。

1925年

《洛迦诺公约》 与德国支付战后
赔偿有关的"道威斯计划"（1924）
和"杨格计划"（1929 ）。缓和。

93

匈牙利的特兰西瓦尼亚,使自身人口和领土面积都增加了一倍。欧洲地图的修整(其边界线的累积长度从 9000 千米增加至 1.5 万千米)通过各种条约逐渐完成。

第一项条约于 1919 年 6 月 28 日(萨拉热窝刺杀事件五周年纪念日)在凡尔赛宫镜厅与德国签订,德意志国(Deutsches Kaiserreich,德语)也同样是在此于 1871 年宣布成立。根据此条约,德国必须对战争负责,并被迫为其造成的损失进行"赔偿":德国损失了近 7 万平方千米的土地和近 700 万居民,占其战前领土的 13% 和人口的 10%。德国人认为,威尔逊本人宣称的"自决原则"实际上可笑至极,因为人们阻止了奥地利和德国的统一,并从捷克斯洛伐克夺取了居住着 350 万德国人的苏台德地区,东普鲁士的一部分也被掠夺,以使波兰能够拥有被称为"但泽走廊"的入海通道。阿尔萨斯和洛林则重新回归法国,随着法国、英国、比利时和日本对其殖民地的瓜分和控制,德国的帝国主义梦想也化为泡影。德国军队不得超过 10 万人且隶属于警察队伍,最重要的是不得配备任何重型武器和飞机。此外,莱茵兰被彻底去军事化。德国的舰队在自己指挥官的命令下于斯卡帕湾的苏格兰基地沉入大海,而打造这支舰队曾是德国发起战争的动机之一。

侵犯,联盟与缺席

1919 年 9 月 10 日,在奥地利圣日耳曼昂莱签署《圣日耳曼条约》,这个衰落的高山国家(其 1/3 的人口都被聚集到偌大的首都)被禁止再使用"德意志—奥地利共和国"(Deutsch-Österreich 或 Autriche allemande)这个称呼。11 月 27 日,保加利亚签署的《纳伊条约》迫使其将进入爱琴海的通道转手拱让给希腊。1920 年 6 月 4 日,匈牙利签署的《特里亚农条约》最终使这个国家的领土和人口分别减少到了战前的 32.7% 和 41.6%。

最后一项是于 1920 年 8 月 10 日与土耳其签署的《塞夫尔条约》,据此法国和英国占领了君士坦丁堡。苏丹同意瓦解奥斯曼帝国。早在 1916 年 5 月,法国和英国就秘密缔结了《赛克斯—皮科协定》,其中计划将奥斯曼帝国分裂为不同的"委托国"：法国在安纳托利亚获得了叙利亚和奇里乞亚；英国占领了伊拉克（及其石油）、塞浦路斯、埃及和巴勒斯坦并获得阿拉伯半岛的保护权；至于希腊，则接收了安那托利亚的东色雷斯、爱琴海诸岛（罗得岛除外）和士麦那（现为伊兹密尔）；意大利获得了多德卡尼斯群岛和罗得岛。

土耳其失去了 1/5 的面积，但也是唯一一个后来成功挣脱战胜国约束的战败国家。加里波利的英雄穆斯塔法·凯末尔（Mustafa Kemal）以安卡拉市为据点，领导了一场民族主义抵抗运动。这场运动在 1922 年击退了自士麦那出发入侵安那托利亚的希腊军队，该军队以实现"伟大理想"(Megali idea) 为目标。凯末尔也结束了亚美尼亚人和库尔德人的独立，尽管他们得到了同盟国的支持。根据《洛桑条约》（1923 年 7 月签署），土耳其收复了安纳托利亚和色雷斯东部，并重新控制了伊斯坦布尔及其海峡。

土耳其的遭遇为和平会议强加的种种侵犯提供了佐证。感到羞辱的不仅仅有战败国家：意大利人奥兰多于 1919 年 4 月离开巴黎，因此前被允诺的达尔马提亚海岸落到了南斯拉夫手里。"残缺的胜利"由此诞生，也为意大利的极端民族主义埋下了祸根。新的中东欧也成了逝去帝国的"继承国"之间的争端根源。意大利和其他战败国家都赞成在凡尔赛宫制定的以调整边界为目的的政策（修正主义），这些政策借助在其他国家的少数族裔人口得以实现，如融入捷克斯洛伐克的苏台德德国人和成为罗马尼亚人的特兰西瓦尼亚匈牙利人。

出于对修正主义国家的畏惧，捷克斯洛伐克、南斯拉夫和罗马尼亚在 1920 年至 1921 年成立了"小协约国"（Petite-Entente）。该联盟得到了法国的支持，因其对德国这个唯一一个拒绝"耻辱条约"（德语为 Schandvertrag）的国家倍感担忧。法国在工业和人口方面都逊于德国，加上由德国的拒绝引起的忧虑，法国在巴黎和会上曾考虑将莱茵兰与德国其他地区分隔开来，在西部边界建立一个缓冲国。出于同样的恐惧，法国于 1921 年与波兰结盟，以确保德国东部边界的安全。尽管"小协约国"和波兰不够强大，无法成为德国的对手，但法国没有更强大的盟国来面对敌人。

这种局势可以用几种原因来解释。欧洲政治版图的彻底转变伴随着一个组织的建立，该组织的发起人威尔逊总统认为它至关重要。它应该会结束秘密外交和双边联盟，取而代之的是以公开外交和无论国家大小都一视同仁予以保护的集体安全原则。这个组织便是《凡尔赛条约》创建的国际联盟（SDN）。虽然旨在解决未来的冲突，但由于任何决定都需要所有成员国一致同意且缺乏执行其决议的军事手段，国际联盟因低效而被诟病。更糟糕的是，国际联盟的缺席削弱了其信誉，这也从一开始就降低了其公信力。包括美国在内的一些孤立主义国家选择置身其外：尽管美国总统是国际联盟的发起者，但美国参议院却拒绝批准《凡尔赛条约》。此外，战败国家和苏俄被排除在国际联盟之外。

这种局势的第一个后果：在赢得战争的大国中，只有英国和法国两个国家愿意成为《凡尔赛条约》的担保国（日本忙于在中国和太平洋进行扩张，意大利对会议的最终结果并不满意）。而较德国而言，英国更关心其帝国的复杂管理，因为加上从德国和土耳其手中夺取的领土，此时的大英帝国已覆盖了全球近1/4的面积。所以，美国退出了欧洲政治舞台，英国也对此不感兴趣，法国成为《凡尔赛条约》的唯一捍卫国。第二个后果：德国和苏俄都被视为"无赖国家"，于是他们的关系日益密切起来，以打破彼此的孤立状态。1922年4月，两国一致拒绝东欧（特别是邻国波兰）划定的新边境，签署了《拉帕洛条约》，该条约正式确定了两国的经济合作和更为重要的军事合作关系。

债务和未来的危机

战争赔偿是德国人拒绝《凡尔赛条约》的另一个原因。1921年4月，德国需支付的赔款总额确定为1320亿金马克，即300亿美元，其中52％付给法国，22％付给英国。英国驻巴黎代表团的成员经济学家约翰·梅纳德·凯恩斯（John Maynard Keynes）认为，强加于德国这样的赔款要求"等同于将其生吞活剥，年复一年、永无安宁"，这也显示了英法在这个问题上的观点差异。战争结束后，德国的基础设施完好无损，而比利时和法国东北部的工业化地区被彻底摧毁。因此，法国计划通过赔偿重建其经济。克里孟梭在 1919 年选举中的口号也非常明确："德国将付出代价！"与之相反，大不列颠认为，支付这样的赔偿将给欧洲的经济复苏带来压力，并延长英国工业赖以生存的国际贸易的不景气周期。法国认为这样的赔偿是公正的，而英国则认为赔偿是不公正的，法国也是自私的。凯恩斯在他的《和平的经济后果》(1919)一书中对《凡尔赛条约》的评价得到了美国政界的广泛支持。例如，威尔逊在巴黎和会上的发言人雷·斯坦纳德·贝克（Ray Stannard Baker）将欧洲盟友，特别是法国描述为"狭隘、强韧的反动国家，不配从美国得到比战败国更多的同情和支持"。

无论如何，德国试图推迟开始支付赔偿的时间，直到 1922 年宣布几年内暂停支付赔偿。1923 年 1 月，法国与比利时的军队占领了鲁尔地区，以征收煤炭、工业生产和莱茵兰铁路等实物的方式抵偿债务。这次占领使德国的通货膨胀达到顶峰，给其造成了严重的破坏。德国因在战争期间使用的纸币马克（Papier Mark，一种不基于黄金的货币）引发了通货膨胀。这种货币政策在战后一直持续，因此通过提高税收来填补赤字也是不可能的。当法国人占领鲁尔区后，德国政府鼓励该地区消极抵抗，并通过发行更多的纸币支持罢工和停工，从而导致恶性通货膨胀：1923 年 11 月 21 日，1 美元可以兑换 42105 亿马克。印刷货币的纸张都要比货币本身的价值高。恶性通货膨胀（德国人将其归咎于赔偿金的支付）导致了莱茵兰消极抵抗的终结，人们开始寻求避免世界经济崩溃的解决方案。

法国不得不接受一项新协议，因为法国将希望寄托于德国的赔偿并拒绝提高税收，导致其自身的通货膨胀率在 1923 年 9 月达到 25%。"道威斯计划"于 1924 年 5 月诞生。德国制订了新的付款计划，将主要通过美国提供的信贷来为其提供资金。随后，德国政府推出了一种更稳定的新货币：德国马克（Reichs Mark）。最后，德国于 1932 年暂停偿还赔款，其在 1918 年至此支付的赔款预计共有 220 亿金马克

德国通货膨胀的爆发

为了弥补战争花费造成的财政赤字，各国没有增加税收，而是发行了更多的货币。

货币的大量发行在意大利和法国引起了剧烈的通货膨胀，在奥地利和德国的通货膨胀更是达到了疯狂的地步。1922 年 8 月至 1923 年 11 月，德国每月的通货膨胀率达到了 335%。固定收入的食利者（地产业主、战争券持有者或领取养老金的人）的生活被完全摧毁，诸如公务员一类的缺少工会为其发声的劳工阶层也面临着相同的窘境。

插图 这一时期发行的面值为 1 亿马克的纸币。

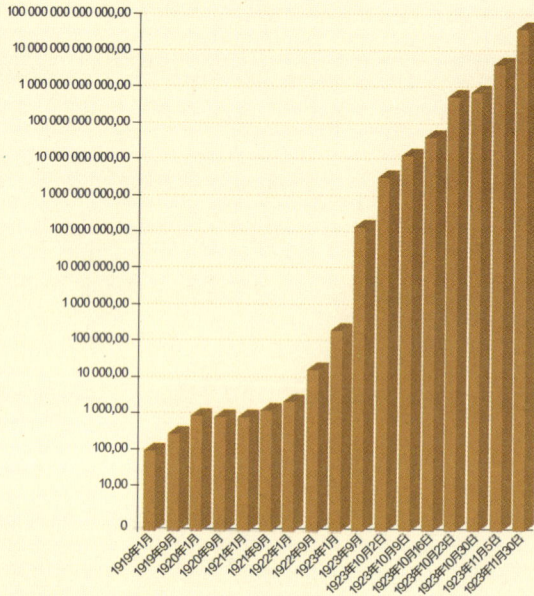

极度通胀 上图表示了 1 盎司的黄金价格（货币单位：马克）。该图表直观地显示了 1919 年至 1923 年德国遭受的越发激烈的通货膨胀。

（当时相当于 45 亿美元），可能低于 1870 年普法战争后法国支付的赔款。

至于美国，则没有向德国要求"献贡"，而是要求法国和英国偿还战时贷款，道威斯计划由此制造了一个恶性循环。美国向德国提供贷款对德国的经济复苏是至关重要的，因为随着通货膨胀，个人存款化为乌有、资本枯竭。借助美国的贷款，德国向英法支付了赔偿金，从而使法国可以偿还美国的债务。几年后，这个像"纸牌屋"一样不牢固的庞

《用来生火的马克》，1922 年

　　自 1921 年夏天以来，由于马克不断贬值，人们对其信心也随之降低，这促使拿到钱的人想以最快的速度消耗掉它。货币流通速度越来越快，物价也以同样的速度上涨。货币最终不再具有任何价值。1923 年，一千克黑麦面包（德国人的主食）在 1 月 3 日的价格为 163 马克，在 10 月 1 日的价格为 900 万马克，在 11 月 5 日的价格为 780 亿马克，在 11 月 19 日的价格为 2330 亿马克。1923 年 10 月 9 日，住在德累斯顿的新闻记者、作家和教授维克托·克伦佩勒（Victor Klemperer）在他的报道中写道："昨天，我们去电影院共花了 1.04 亿马克，包含交通费。"

大金融计划扩大了"大萧条"的影响。随着北美经济的迅猛发展，美国从那时起开始扮演全球债权人和全球金融中心的角色。

"道威斯计划"带来了几年的经济繁荣，金本位制的恢复带来的信心提升也功不可没。1922 年在热那亚会议上通过的"金汇兑本位制"（Gold-Exchange Standard）在原来的金本位制基础上进行了一些修改。从此，这个在战争期间被废除的制度得到恢复。该制度以美元和英镑为基础，两者可以以等价或固定的汇率兑换为黄金，其他国家货币以美国和英国的货币作为参考，可以以黄金、美元或英镑的形式持有储备。这种机制促进了国际贸易的增长，从而促进了经济繁荣，也使紧张的政治局势得以缓解。

"洛迦诺精神"

美国和英国对法国在 1923 年占领莱茵兰的行为进行了强烈谴责。威尔逊很生气，称普恩加莱为"流氓"，并希望德国粉碎法国。法国人认为，保证自身和平的最佳方法是与德国人达成协议。1925 年 8 月，"道威斯计划"通过后，法国退出了鲁尔区。随后，在同年 10 月签署了《洛迦诺公约》。在该公约中，德国承诺尊重法国和比利时的边界，这意味着莱茵兰的去军事化。英国为此边界提供担保，若德国侵犯将向法国提供军事援助。但东边的局势有所不同。德国对波兰和捷克斯洛伐克的边境未做出任何保证。法国承诺，如果德国发动攻击，将向这两个国家提供军事支援。与此相反，英国并不想成为东部边境的守护者：它认为只有在德国向西扩张时才会威胁到自己的安全。

作为签署此公约的回报，德国被接纳为国际联盟的成员国，赔偿金的结清时间也得到宽限，"杨格计划"确保上述举措（规定德国在 59 年内偿还完毕所有赔偿），法国军队在该计划通过几周后撤离了萨尔州。紧张的国际局势得以缓和。但是，对《洛迦诺公约》的解读可能会令人不安。例如，《拉巴洛条约》，它对"一战"的胜利国来说是一个新的挑战：很明显，德国不承认其东部的边界。然而，

协约国军队占领下的莱茵兰

为了保证 1920 年 1 月生效的《凡尔赛条约》的顺利实施，协约国军队占领了莱茵兰，直到 1935 年才陆续撤离完毕。莱茵河右岸被去军事化。

法国人在莱茵兰驻扎殖民部队以侮辱德国人，德国人则指责法国军队侮辱德国妇女。所谓的"黑人耻辱"（Schwarze Schmach）助长了种族主义。1923 年 1 月，在法国总理雷蒙·普恩加莱（Raymond Poincaré）的命令下，占领进一步加剧。德国已支付了十亿四千八百万马克的战争赔款，但实物形式的缴纳有些迟缓：德国已经交出了二十万米电报杆中的六万五千米，还有价值相当于两千四百万金马克的煤。法国和比利时军队占领了鲁尔盆地。法国人除了通过侵占该地区的工业生产来补偿自己之外，还试图将莱茵兰从德国分裂出去。但他们没能实现这一政治目标。在"道威斯计划"通过后，对鲁尔的占领于 1925 年结束。

插图 德国人民党（DVP）反对法国占领鲁尔的海报。

法国和德国之间表面的和解导致乐观的"洛迦诺精神"悄然兴起。1928 年 8 月，《巴黎非战公约》的签署巩固了两国的和解意愿，该公约谴责了以诉诸战争的方式解决国际争端。到 1939 年共有 63 个国家加入此公约。战后的欧洲在革命、动荡的经济形势和焦灼的民族主义局势中风雨飘摇，《巴黎非战公约》似乎在使欧洲走向稳定。

巴黎和会开幕时，布尔什维克的胜利尚不确定。红军和白军之间的流血内战将俄国大地撕碎。由于负责指挥的将军们反对土地的重新分配，白军失去了农民的支持。

德国魏玛共和国

1918 年 11 月，魏玛共和国宣布成立，随后于 1919 年 1 月举行制宪议会选举。同月，在战争结束后爆发的革命在柏林接近尾声：斯巴达克斯主义者在一片混乱中试图推翻艾伯特（Ebert）社会民主党政府。斯巴达克斯主义（Spartacism）是一场极左派运动，德国共产党（KPD）便诞生于该运动，它希望能依据委员会体系建立一个类似于苏俄的新德国。战斗异常激烈，军事部队、"自由军团"、由坚定的反社会主义军人组成并得到德军参谋部支持的准军事团体联合对起义进行了猛烈的镇压，最终起义落下帷幕。

政府的镇压态度使社会党和共产党之间产生裂痕，这也为希特勒在几年后的崛起和胜利创造了有利条件。1919 年 1 月，由选举产生的制宪议会在魏玛召开会议，那里远离处于革命中的柏林。大会通过了一部宪法，宣布实行男女普选，赋予总统极为重要的权力，并确定了国家的联邦属性。起初，共和国得到了由艾伯特（当选为共和国总统）领导的社民党（SPD）、马蒂亚斯·艾茨贝格尔（Matthias Erzberger）领导的中央党和实业家瓦尔特·拉特瑙（Walther Rathenau，缔造了与苏俄签订的《拉帕洛条约》）领导的德国民主党（DDP）组成的"魏玛联盟"的支持。由于联盟既要被迫接受《凡尔赛条约》，又要应对革命，它同时遭到了右派民族主义分子、超民族主义分子（包括一些小派别团体，如阿道夫·希特勒领导的纳粹党等）和德国共产党（KPD）的敌视。

左派发动的骚乱被血腥压制：1919 年 5 月，"自由军团"横扫了在巴伐利亚宣布成立的苏维埃共和国，共和国宛如昙花一现；1920 年 3 月，军队镇压了鲁尔区矿工的斯巴达克斯起义。极右翼在两年前曾统治德国的将军鲁登道夫（Ludendorff）的支持下，尝试发动了两次政变：1920 年 3 月，超民族主义者沃尔夫冈·卡普

"自由军团"（Freikorps），镇压部队

这些冷酷残忍的武装集团主要由第一次世界大战后的退伍军人组成，他们憎恨因德国战败而问世的魏玛共和国，更憎恨应该为军事挫败负责的革命者。

插图 1919 年，"自由军团"成员在镇压斯巴达克斯起义，右侧有人手持着火焰发射器。

（Wolfgang Kapp）在柏林策动了一场政变，1923 年 11 月，希特勒在慕尼黑发动了"啤酒馆政变"。

左翼和右翼极端主义失败，美国借贷带来了经济复苏，经济开始缓慢增长，这些都促进了社会政策的发展，国家将国民收入的 1/4 用于住房、教育和公共卫生建设。随着《洛迦诺条约》的签订（1925 年）和加入国际联盟（1926 年），德国不再

这张海报呼吁道：

"加入社会主义的建设吧！加入 USPD 吧！" USPD（德国独立社会民主党）的历史可以追溯到 1919 年，它将国会大厦作为建设中的防御堡垒。USPD 产生于 SPD（德国社会党）左翼的分裂，向往委员会形式的政治组织，而 SPD 则捍卫议会制共和国。1922 年，两党联合，成立了 VSPD（德国统一社会民主党）。

是低贱国家。但是，这些变化并没有使共和国的弱点消失。一方面，中产阶级逐渐丧失信心，并且很快就会拥护右翼极端主义思想；另一方面，内战的气氛日益明显，分属不同党派的民兵在街头发生的冲突越来越多，这些都慢慢侵蚀着德国的民主。"大萧条"更是激化了矛盾和对抗，促使右翼民族主义受到更多的重视。后者一直因《凡尔赛条约》倍感愤怒，也从未与共和国和解，但却通过 1925 年当选的兴登堡元帅（Maréchal Hindenburg）成功上位执政。

而此时，英国和法国这两个世界上最大的殖民国家正经历着一段艰难的时光。

英国和法国

战争的结束加剧了英国在 1914 年战争爆发前就已存在的经济问题。工业过时，战争使国家债台高筑、陷入经济衰退。失业稳升不降：1921 年已有 200 万人失业。

**山姆大叔摇动
普恩加莱**

　　1924 年漫画，
雷蒙·普恩加莱陷
入困境，加上来自
美国的压力（战争
期间法国向美国借
了大量的钱），不得
不接受"道威斯计
划"。后者为德国制
定了新的付款时间
表，但未规定付款
总额。

　　在此背景下，保守党赢得了 1922 年 11 月的选举（除了自 1918 年以来获得投票权
的 21 岁以上男性之外，还有 1921 年获得选举权的 30 岁以上女性），而工党则完全
失去了第二大党的地位，自由党取而代之。

　　1923 年 12 月大选后，工党领袖詹姆士·拉姆齐·麦克唐纳（James Ramsay
Mac Donald）在自由党的支持下组建政府。但由于工党阵营对其温和政策的不满
和保守党的鼓动，他的统治持续不到 10 个月：在 1924 年 10 月的选举中，也是在
麦克唐纳正式承认苏联后，保守党伪造了一封信件，信中共产国际主席季诺维也夫
向工党提出指导建议。随后，由保守党领袖斯坦利·鲍德温（Stanley Baldwin）
领导的政府最终使工会屈服，结束了为期 9 天的大罢工，这次罢工的失败也标志着
英国社会动荡的结束。英国既没有产生"极左"的激进党派，也没有形成"极右"
的运动思潮。保守党政府不仅保存了社会保障体系，而且还略有扩大（将退休年龄从 70 岁降低到 65 岁，加强了对失业者的保护）。此外，还将选举权扩大到了 21 岁以上的妇女。

法国则采用比例选举制，以防单独一个政党成为多数党，这使第三共和国极不稳定：在 1918 年至 1940 年的停战时期，共有 44 个内阁相继组建，其中大多数是围绕激进党形成的联盟。除了由 SFIO（法国国际工会）分裂产生的法国共产党之外（它拒绝支持任何的政党联盟），几乎所有政治力量都曾在某个时间领导过政府或者通过议会支持过某个内阁。这期间最重要的政治人物则是保守派的雷蒙·普恩加莱（Raymond Poincaré），他在 1919 年至 1924 年，即名为"国民联盟"（Bloc national）的政党联盟领导政府期间，要求德国支付战争赔偿并入侵莱茵兰。1926 年至 1929 年，普恩加莱再次担任总理，提高税收并使法郎贬值，以对抗由战时债务和德国赔偿逾期未付导致的金融危机。

就法国社会党而言，他们拒绝加入 1924 年至 1926 年爱德华·埃里奥（Edouard Herriot）领导的卡特尔左翼政府，尽管实际上他们在议会中支持了他。但就像英国的工党一样，左翼卡特尔辜负了它曾在工人阶层中燃起的希望。自由民主让中产阶级继续保持信心，但是其中的一部分人却形成一些民族主义和反犹主义团体，如法兰西行动派（Action française）和其年轻的战斗者——"皇帝的小报贩"（Camelots du roi）。这些运动和法国共产党一样都拒绝当前的政治制度。这种政治极端主义在当时得到了虽然人数少但意义重大的社会支持。而在英国，这种极端思想并无容身之处。

巴黎和会希望以胜利者们的自由民主理念为出发点塑造一个新的欧洲。但是，这个方法必须基于数量庞大的中产阶级和广泛的中间派政治力量，因此未能在工业化经济体系发达的欧洲北部之外取得胜利。在新的东欧，只有已实现工业化的捷克斯洛伐克和芬兰能够实行自由民主。其他国家实行的政策则是由农业社会、工业落后的状态，与少数民族问题相连的紧张局势和修正主义国家的愿望所决定的。

20 世纪 20 年代：女权主义的发展

在女性获得更多的个人独立和社会地位的时代背景下，教皇庇护十一世（Pope Pius XI）在 1930 年 12 月 31 日的通谕《圣洁婚姻》（*Casti Connubi*）中猛烈鞭笞了女权主义的进步："凡以写作和谈吐侮蔑婚姻信实与贞操者，抑多是主张妇女不应服从丈夫者。许多人……狂妄地宣称妇女已经解放或应予解放。"通过参加战争，妇女进入了劳动市场、工业部门或一系列被认为是女性做的服务职业：护士、话务员或文职人员。例如，在 1926 年，女性占据了法国政府工作人员的 45%。世界大战也为妇女参政铺平了道路：19 世纪 20 年代末之前，俄国、德国、奥地利、美国和英国的妇女已经拥有投票权。俄国布尔什维克党任命了历史上第一位女部长：社会福利人民委员亚历山德拉·柯伦泰（Alexandra Kollontai）。

反对进步　墨索里尼曾向他的传记作者埃米尔·路德维希（Emil Ludwig）说道："女人必须服从……我对女人在国家中所扮演角色的看法是与所有女权主义者相反的。……你知道盎格鲁一撒克逊国家最终是如何走向灭亡的吗？母系社会！"**插图：**意大利一部反女权主义的戏剧海报。

南茜·阿斯特
（Nancy Astor）
　　1919 年，英国保守党中首位女性议员。

艾德琳·弗吉尼亚·伍尔芙
（Adeline Virginia Woolf）
　　对文学世界的探索为当代文学提供了重要参考。

加布里埃·可可·香奈儿
（Gabrielle Coco Chanel）
　　服装、珠宝和香水设计师，对时尚的发展起到了至关重要的作用。

东欧

土地改革代表着东欧重大的变革。1917 年，苏俄将地主驱逐出境，这似乎意味着小农的胜利（直到 1929 年苏俄才开始农业土地的集体化），这对东欧产生了强烈的刺激。东欧对地主的剥夺显然激荡着民族主义的回音。在捷克斯洛伐克和波罗的海三国（爱沙尼亚、拉脱维亚、立陶宛），所有地主都是德国人。在罗马尼亚，1918 年有 140 万农民从土地重新分配中受益，匈牙利人和德国人的土地被没收。"我们相信，土地改革是使特兰西瓦尼亚罗马化的最有力工具。"1920 年，超民族主义诗人和政治家渥太华·高加（Octavian Goga）如是说道。在波兰和匈牙利，地主属于多数民族集体，因此改革的规模无法与邻国相比。

伴随着土地改革，农民政党在许多东欧国家成为重要的政治力量；有些倾向于社会主义，另一些则倾向于右翼和民族主义。它们构成了变幻莫测的政治格局的一部分，在这个格局中，民族间的摩擦与城市和农村的社会冲突交织在一起，造就了一个非常不稳定的时代。例如，在 1925 年，波兰下议会（Sejm）中至少有 32 个政党，其中有德国人、乌克兰人、白俄罗斯人和犹太人。紧张的局势通常伴随着剧烈的暴力，进而导致独裁政权上台，如匈牙利的霍尔蒂·米克洛什（Horthy Miklós）海军上将、波兰的约瑟夫·克莱门斯·毕苏斯基（Józef Klemens Pilsudski）将军和南斯拉夫的亚历山大一世（Alexandre Ⅰ）。布尔什维克俄国的出现极大地鼓舞了革命运动。

统治阶级用军队来强化政权并不新鲜。但前所未有的是出现了以摒弃自由民主为初衷、赞颂带有排外情绪的民族主义的政治运动，对社会主义的仇视与建立新的政治、社会、道德秩序的愿望在此错综交织。这些运动希望塑造崭新的人，创造一个全新的民族社会。从这个意义上讲，它们是革命运动：反革命的革命运动。在革命取得成功的国家，革命分子控制了国家，并使其成为实现自己计划的工具。而意大利就是第一个反革命分子掌权的国家。

穆斯塔法·凯末尔·阿塔图尔克
（Mustafa Kemal，Atatürk），新土耳其的建造者

1922 年，穆斯塔法·凯末尔（Mustafa Kemal）击败了入侵安那托利亚的希腊人，他们在英国的支持下于 **1919** 年发动入侵，美其名曰是为了履行《塞夫尔条约》。得益于与布尔什维克党（同样反对法国和英国）的联盟和土耳其大国民议会**（Grand National Assembly of Turkey）**的支持，凯末尔最后获得胜利。

1920 年，土耳其大国民议会在安卡拉成立，通过了凯末尔的所有提议，如 1922 年废除苏丹。穆罕默德六世（Mehmet VI）是最后一任苏丹君主，这个臭名昭著的统治者曾试图依靠盟友来强化自己的权力。凯末尔在打碎奥斯曼帝国的历史后重塑了土耳其共和国，1923 年，《洛桑条约》承认土耳其共和国的存在。为了防止伊斯兰教成为反对派的主力，凯末尔将宗教从公共生活中剥离：哈里发被废除（1924 年），宗教机构开始服从于国家。于是，革命开始了，一场同时基于世俗主义和民族主义的革命就此拉开帷幕。祈祷时必须使用土耳其语代替原先的阿拉伯语，用拉丁字母取代阿拉伯-波斯语字母以方便土耳其语的标音。西方式的现代化变革从妇女的解放开始（到受瑞士法典启发的《民法典》合并），再到用欧式的名字代替穆斯林名字：穆斯塔法·凯末尔（Mustafa Kemal）变成了阿塔图尔克（Atatürk），意为"土耳其之父"。

插图 亚历山大·瑟托夫（Alexandr Sytov）所作的穆斯塔法·凯末尔肖像（现存于安卡拉阿塔图尔克博物馆）。

意大利和法西斯主义

在战后经济危机和社会动荡的背景下，法西斯主义于 1919 年至 1920 年（"红色两年"）在意大利上台。意大利总工会（CGL）的会员人数从 5 万增加到了 200 万。昂贵的生活成本和苛刻的工作条件引发的示威游行导致在很多工厂成立了工人委员会（特别是在都灵和米兰）和土地侵占（主要集中在托斯卡纳和艾米利亚—罗马涅地区）。同时，工人自卫队成立。一部分社会党和工会成员从中看到了这场苏维埃式革命鼓舞人心的开端，已丧失理智的企业老板和地主也是同样的看法。与此

"进军罗马"中的墨索里尼（1922 年）

照片中他身边是两个重要的法西斯领导者：塞萨雷·德维奇（Cesare De Vecchi）（右）和伊塔洛·巴尔博（Italo Balbo）（左），后者崇尚暴力，神态充满匪气，出身自费拉拉集团，这个团体的民兵让工人和农民都惊恐不安。十月进军标志着意大利议会民主制度的结束和黑衫军法西斯主义制度统治的开始。

同时，对"残缺的胜利"的不满情绪在国内暴涨：1919 年 9 月，由超民族主义诗人加布里埃尔·邓南遮（Gabriele D'Annunzio）领导的"荣誉军团"占领了前奥匈帝国的城市阜姆（现为克罗地亚城市里耶卡，意大利和新南斯拉夫也在争取这座城市）。面对这些冲突，自由党毫无作为。正如在英国一样，他们在 1919 年 11 月的选举中失利，被社会党和由教士路易吉·斯图尔佐（Luigi Sturzo）受基督教启发新创立的意大利人民党（PPI）推翻。1921 年 1 月，一支新的力量出现了：由意大利社会党（PSI）左翼分裂产生的意大利共产党（PCI）。政治格局发生改变；群众党派成为意大利政坛的重要力量。

在 1921 年 5 月的选举中（男性普选制），一股新的力量涌入议会：贝尼托·墨索里尼（Benito Mussolini）领导的法西斯党。这位领导人朝着认定的目标前进，心无旁骛。在 6 月 21 日众议院的首次讲话中，墨索里尼将暴力定义为"我们必须服从的必要的强硬手段"。这种对暴力的宣扬为墨索里尼在议会中赢得了 35 个席位。

墨索里尼的父亲是铁匠，母亲是一名小学老师，他自己也曾在小学教过书。战前，他曾在社会党阵营革命派中活动，负责领导社会主义党的官方刊物《前进！》（Avanti）。战争期间，他主张停止中立参与战争，结果从党中被驱逐。1919 年 3 月 23 日，墨索里尼在米兰提出了"意大利战斗者法西斯"运动，明确阐释了他的超民族主义革命思想。其计划包括妇女的投票权和被选举权、没收宗教团体的财产、工人参与工厂管理或对资产征收累进税等。但墨索里尼依旧在 1919 年的立法选举中失败了。从此时起，他开始利用爱国主义、反社会主义和黑衫军（Squadristi）的作用来美化自己的革命演讲。

这些暴力民兵团（黑衫军）从工业家和地主那里获得经济支援，并得到警察和军队的支持，这也解释了他们针对左翼发动恐怖袭击而没有受到惩罚的现象。得益于左翼的社会党和共产党间的分裂和"黑衫军"的暴力，法西斯分子（Fasci）在 1921 年 11 月成立了意大利国家法西斯党（PNF），对退伍士兵、陷入"红色恐惧"焦虑的中产阶级和年轻学生产生了强烈的吸引力。1919 年 12 月，全国只有 32 个法西斯团体和地方分支、不到 1000 名武装分子。但到 1921 年年底，已有 843 个法西斯组织和 25 万的法西斯分子。同年 5 月，乔瓦尼·乔利蒂（Giovanni Giolitti）将他们纳入全国反社会主义联盟，意大利国家法西斯党也因此在议会中获得了 35 个席位，并开始利用议会作为传播其思想的扩放器。意大利的政治解体呈现无法阻挡之势。野心勃勃的各省法西斯领导人（Ras）向墨索里尼施加压力并说服他上台夺权。1922 年 10 月 28 日，几乎没有武装的 2.5 万名黑衫军进入罗马。

如果国王维克托·艾曼纽尔三世（Victor Emmanuel Ⅲ）听从自由党首相路易吉·法克塔（Luigi Facta）的建议签署一项宣布国家戒严状态的法令，事态就不会进一步发展。但是，君主没有签署这项法令，军队也没有拦截法西斯分子前进的脚步。法克塔辞职，艾曼纽尔三世命令墨索里尼组建新政府。法西斯分子因此从统治者手里获得了统治权。墨索里尼上任后制定了一项选举法，借助黑衫军的暴力行动和选举舞弊，他在1924年4月的选举中赢得了多数席位。社会党领袖吉亚科莫·马泰奥蒂（Giacomo Matteotti）在同年6月揭露他的诡计后被一个法西斯团体绑架并谋杀。这是意大利20年法西斯专政的开始。

黑衫军法西斯主义政权禁止其他政党的存在，限制投票权（1928年，选民人数从1000万减少到300万）和媒体自由，左翼工会被法西斯组织所取代，废除罢工权，取消公社的自治权，使其服从法西斯任命的区长（Podestà）的领导。此外，得益于《拉特兰条约》，贝尼托·墨索里尼政府被教会和天主教徒接受。根据1929年2月签署的这些条约成立了梵蒂冈城国，强制实行天主教教育；教宗庇护十一世（Pape Pius XI）认为，墨索里尼是"上帝的使者"，是对共产主义兴起的警示。当"领袖"（特指墨索里尼的称谓，意大利语为Il Duce）在意大利境内巩固自己的权力时总是时刻回顾古罗马的荣耀，这是他以弥补"残缺的胜利"带来的历史不公为目的的外交政策的一部分。1927年，墨索里尼从匈牙利开始拉近与"修正主义"国家的关系。但直到十年后，德国——这些国家中最大的国家，才成为符合野心勃勃的墨索里尼要求的盟友。

美国

当政治极端主义在欧洲逐渐兴起时，美国在自己的道路上继续前进。盟国不愿偿还战时债务，因为他们认为社会内部的动乱源自战争，也谴责威尔逊总统和美联邦政府在战时所牟得的特殊权力……出于上述原因，美国置身欧洲事务之外，选民将政府交到了共和党手中，直到1933年此局面才被打破。正如哈定（Harding）

总统所承诺的那样，共和党实行"回到正轨"的政策，其特征是孤立主义、经济发展及随之而来的严重的社会不平等和明显的保守派反应。

在沃伦·哈定（Warren G.Harding）及其继任者约翰·卡尔文·柯立芝（John Calvin Coolidge）和赫伯特·C.胡佛（Herbert C.Hoover）在任期间，经济垄断繁荣发展，而反托拉斯立法和此前十年的进步主义则被束之高阁。经济自由主义毫无节制地发展，工业和金融业一片繁荣，罢工屡受重压，夹杂着无政府主义暴力的左翼动荡在大战末期迸发。与欧洲一样，这些骚乱的根源所在是高物价、低工资和漫长的工作时间。许多美国人将社会冲突与南欧和东欧移民的到来联系起来，他们胸怀革命思想，如在 1927 年被处以死刑的意大利无政府主义者尼古拉·萨科（Nicola Sacco）和巴托洛米奥·范泽蒂（Bartolomeo Vanzetti）。这种观点愈加增强了美国人对欧洲的孤立态度，煽动了仇外心理。因此，新的立法限制了移民的数量并支持北欧移民（1921 年、1924 年）。

除了上述因素，战争带来的种族秩序变化也成为社会动荡的原因：事实上1916 年至 1919 年，约 45 万名黑人离开了南方种族隔离区到北方城市的军火厂工作。这彻底改变了城市的种族组成：纽约的非洲裔美国人口增长了 66.6%，芝加哥为 148%。非裔黑人社区的许多成员拒绝被社会排斥。从"一战"战场归来的非裔士兵——以国家拒绝他们自由和平等为由——在黑人争取其权利的过程中发挥了重要作用。

黑人、移民和左翼支持者被视为对 WASP（白人盎格鲁—撒克逊新教徒）价值观的威胁，于是一些保守派的应对形式纷纷出现。其中一种形式是重新崛起的种族主义组织三 K 党，该组织在 1925 年拥有 500 万名成员，目标人群是黑人、移民和犹太人。反动应对的另一种形式是基督教原教旨主义的兴起，其对《圣经》止于字面的解释在 1925 年造成了对约翰·T.斯科普（John T.Scopes）教授轰动一时的审判，因为他试图阻碍"不得在田纳西州教授达尔文理论"的禁令。保守派的攻

飞行员：美国的英雄

上万名在第一次世界大战期间受过训练的飞行员在战后成为民用飞机驾驶员。19世纪20年代，民航迅速发展，屡创纪录，飞行员成为大众崇拜的偶像，尤其是在美国。查尔斯·林德伯格(Charles Lindbergh)尤为杰出，他是世界上第一位独自架机飞越大西洋的人。1927年5月20日7点52分，他驾驶圣路易斯精神号离开纽约，在经历了33.5个小时的飞行后在第二天晚上10点32分在巴黎勒布尔热机场降落，数以万计的观众在欢呼雀跃中等待着他的着落。如右侧照片所示，林德伯格从大陆起飞并于5月29日在克罗伊登机场（伦敦）降落，人们热情地欢迎他，紧紧包围着他所驾驶的飞机。

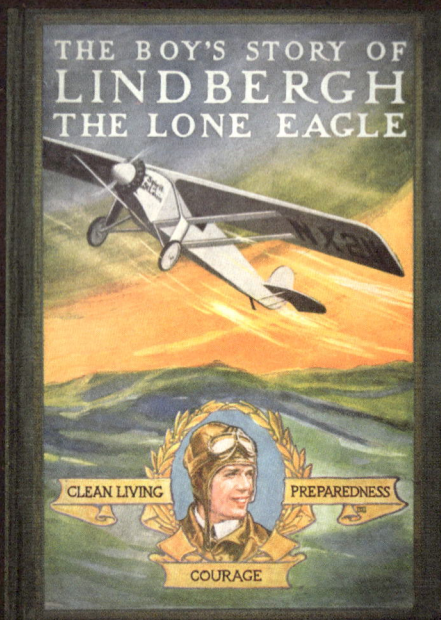

THE BOY'S STORY OF
LINDBERGH
THE LONE EAGLE

CLEAN LIVING   PREPAREDNESS

COURAGE

"健康生活，无所畏惧，时刻准备" 这本书促使年轻的林德伯格成为北美青少年的榜样，他是"孤独的雄鹰"。

阿梅莉亚·埃尔哈特

　　阿梅莉亚·埃尔哈特（Amelia Earhart），这个身材高挑苗条、性格勇敢果断的女人从 1922 年开始不断创造关于飞行速度和海拔的纪录。1932 年 5 月，阿梅莉亚从爱尔兰纽芬兰出发，历经 15 个小时的飞行独自横跨大西洋，成为世界上第一个完成此壮举的女性，并因此登上了全世界各报纸的头条。1935 年 1 月，她从火奴鲁鲁起飞到加利福尼亚降落，成为第一个独自飞越太平洋的飞行员。1937 年 5 月，阿梅莉亚驾驶"洛克希德 10-E 伊莱克特拉"号飞机在导航员弗瑞德·诺南（Fred Noonan）的陪同下沿着赤道开始了环球之旅，从加利福尼亚出发向东飞行。在 7 月 2 日返航途中，她离开了莱城（新几内亚），前往距火奴鲁鲁约三千千米的豪兰岛，从此音信全无。为寻找她而派出的海军舰船也没有找到她的任何痕迹。现在人们认为，埃尔哈特当时是在为政府执行间谍任务，可能被指控为偷拍疑似日本在太平洋的基地。

　　上图　1928 年的阿梅莉亚·埃尔哈特。

美国的种族主义：三K党
（Ku Klux Klan）

1866 年，三 K 党在田纳西州诞生。这一运动由战败的南方联邦军队退伍老兵发起、在南方迅速蔓延，攻击亚伯拉罕·林肯解放的黑人。

三 K 党人恐吓被解放的奴隶，阻止他们行使公民权利。他们还袭击由废除了奴隶制的林肯领导的共和党派白人，因为他们支持黑人。就像民主党内部强烈反对解放黑奴的人一样，三 K 党成为民主党夺取南方政权的武器。该运动在 19 世纪末走向衰落，但在"一战"时带着新特征卷土重来：除了始终坚持的反对黑人，基督教原教旨主义、反犹太人、反天主教和仇外主义也开始成为其重要主张。这促使三 K 党运动向北部和中西部各州迅速扩张，因为有资质的工人们担心黑人或移民劳工带来竞争。这个种族主义组织在 1921 年至 1926 年经历了黄金时代。

插图 1924 年在西弗吉尼亚州举行的三 K 党仪式。

尼古拉·萨科和
巴托洛米奥·范泽蒂

他们因在 1920 年的一次抢劫中谋杀了两个人而被判刑，1927 年 8 月死在电椅上。但他们的有罪和无罪都没有得到证实。二人都是无政府主义武装分子，他们可能参加了 1919 年的一系列袭击活动。当时，数千名疑似信奉激进思想的移民被逮捕并驱逐出美国。其中之一是无政府主义者安德里亚·萨尔塞多（Andrea Salsedo），他于 1920 年被拘留，遭到酷刑折磨后认罪，导致萨科和范泽蒂被捕。

势还导致 1920 年的禁酒令，因为非法的酒贸易使得有组织的犯罪快速攀升。但美国 WASP 的先锋者并不担忧。美国经历着与欧洲无缘的经济增长，加上消费品行业的兴起，这使大多数工人阶级（最具资质的工人）远离任何激进思想的暗示和诱惑，为其打造了"美国梦"和"胜利者的神话"，风光无限的电影明星、歌手、运动员和商人作为后者的代表让工人阶层沉醉其中。1928 年 12 月，柯立芝自豪地向国会宣布："我们已用尽可能广泛的方式向大众分配了公司和工业创造的巨大财富……民众现在的生存要求早已超过了奢侈生活的标准。"他补充道：

"国家可以满足惬意地享受当下，乐观地展望未来。
这份世间独有的庇佑源自美国人的正直和品格。"在
这番高论的十个月后，美国和世界跌入了"大萧条"
的深渊。

档案：引来一片哗然的先锋派艺术

在 20 世纪的前三十年，先锋派艺术家颠覆了西方艺术的基础。他们极少受到赞赏，被公众忽视并受到独裁政权的压制。

在 1909 年 2 月 20 日《费加罗报》出版的《未来主义宣言》中，意大利诗人菲利波·托马索·马利内特（Filippo Tommaso Marinetti）拉开了 20 世纪先锋派艺术的序幕。"文学从古至今一直赞美停滞不前的思想、痴迷的感情和酣畅的睡梦。我们希望赞美进取性的运动、焦虑不安的失眠、奔跑的步伐、翻跟头、打耳光和挥拳头。我们认为，宏伟的世界具有一种新的美——速度之美……一辆汽车吼叫着，就像踏在机关枪上奔跑，它们比萨色雷斯的胜利女神塑像更美……离开斗争就不存在美。任何作品，如果不具备进攻性，就不是好作品……我们要歌颂战争——清洁世界的唯一手段，我们要赞美军国主义、爱国主义、无政府主义者的破坏行为，我们歌颂为之献身的美丽理想，我们称赞一切蔑视妇女的言行。我们要摧毁一切博物馆、图书馆和科学院，向道德主义、

《带吉他的丑角》（左图）

马德里艺术家胡安·格里斯（Juan Gris）1917 年的画作。格里斯常驻巴黎，与布拉克和毕加索一起工作，并与他们一起创立了立体主义（此作品现为私人收藏）。

令人痴迷的非洲

在与西方的艺术传统和美学价值（相似性、对称性、比例……）斗争的过程中，先锋派将目光投向了非洲和大洋洲的"原始"艺术。非洲充满人文气息、极具线条感的面具和雕塑极大启发了立体主义，正如我们可以从毕加索的画作《亚维农的少女》中两个人物的面部看到的那样。同样，这些作品渗透着充沛的情感，在欧洲人看来它们具有神秘的特性，这都影响了后来的表现主义和超现实主义。超现实主义在它们身上看到了情感和本能的自由表达，尽管实际上，这些作品遵循的是一些宗教和巫术规则，就像为西方艺术提供标准的常规规则一样。

插图 毕加索非洲艺术收藏中的克鲁族面具（现藏于巴黎毕加索博物馆）。

女权主义及一切卑鄙的机会主义和实用主义思想开战。"

这篇文章对博物馆和学术机构奉为圭臬的官方正统艺术进行了激烈的嘲讽，它反映的是资产阶级的品位及其对这个秩序稳定和不断进步的世界的满足和信心。在正统艺术将违背传统经典的一切都拒之门外的 40 年后，在被排斥者骄傲地承受着这份拒绝的时候，《未来主义宣言》带着猛烈的抨击横空出世。反击行动从 1863 年在巴黎举办的"落选者沙龙展"开始；维也纳"分离派"在 1897 年继续运动，此后在 20 世纪的前十年开展了一系列的展览。针对 1905 年的巴黎秋季沙龙展，艺评家路易斯·沃塞尔（Louis Vauxcelles）在《吉尔·布拉斯》（Gil Blas）中的一条讥评成为带有贬义色彩的称呼——"野兽派"的起源，被嘲笑的画家借用这个称呼来定义这场运动；1908 年，依旧是这位艺评家，他的另一句轻蔑的评论成为"立体主义"命名的依据：针对当年由艺术品经销商丹尼尔·亨利·卡恩韦勒（Daniel-Henry Kahnweiler）举办的乔治·布拉克（Georges Braque）专题展览，沃塞尔写道，画家"轻视形状，将一切物体，风景、人物和房屋都变成了几何图形和立方体"。

艺术危机

创新不仅仅出现在对未来主义非常重要的技术领域；科学也为了解世界提供了新的视角。1905 年，爱因斯坦（Albert Einstein）阐述了他的狭义相对论，根据该理论，时间和空间都不是绝对的，而是相对的：它们根据测量方式的不同而变化。这颠覆了人们对宇宙的理解。对人类的理解也是如此：在 1900 年出版的《梦的解析》中，神经学家西格蒙德·弗洛伊德（Sigmund Freud）揭示了潜意识在人类行为中的作用。爱因斯坦和弗洛伊德都对世人普遍接受的事情提出了质疑，这种态度在弗里德里希·尼采（Friedrich Nietzsche）的哲学中再次出现，尼采也在哲学领域做出了杰出的贡献。尼采于 1900 年去世，他宣布道德不再基于上帝，人（或"超人"）带着一种"意志力"去尽情释放生命力，从而使他能够定义自己的人生价值。在那个之前的确定性逐渐消失的世界里，少数为先锋艺术奋斗的创作者开始质疑传统规

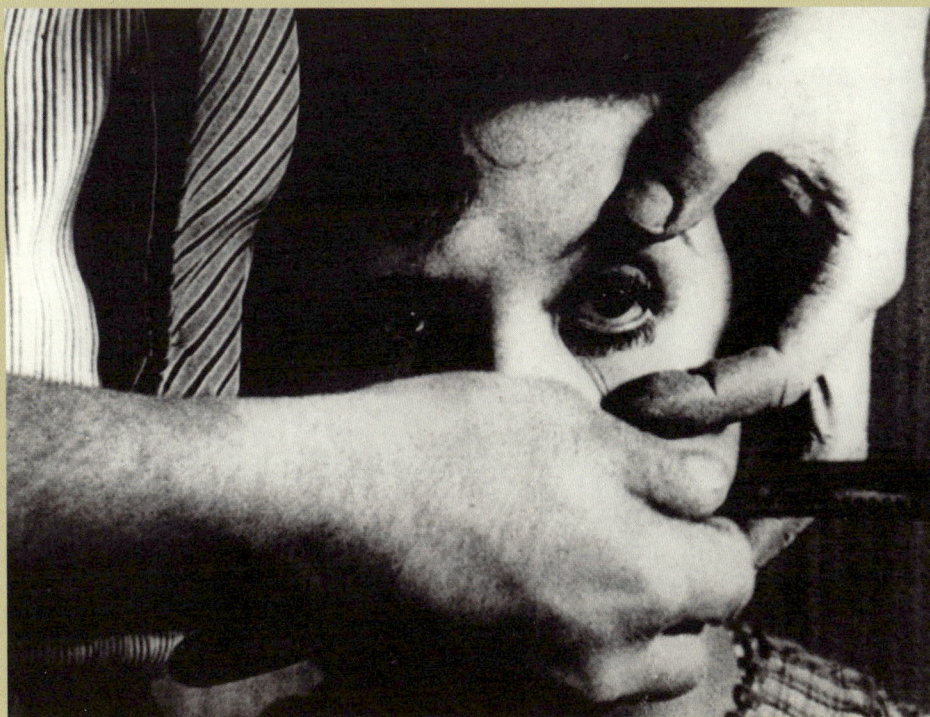

范和理念，这些理论一直指导着艺术家创作，他们抛弃了两千多年来的金科玉律，走上了截然不同的道路。

一方面，有些人把情感放在首位。野兽派（亨利·马蒂斯、安德烈·德雷恩、莫里斯·德弗拉明克）运用扎眼的、与现实相去甚远的色彩，形成强烈的对比效果。这一运动为表现主义（埃贡·席勒、保罗·克利、瓦西里·康定斯基、奥斯卡·科科施卡、恩斯特·路德维希·基希纳、卡尔·施密特·罗特鲁夫）打开了大门，他们使用不切实际的色彩来扭曲人物和氛围来表达艺术家的内心。甚至在某些情况下，艺术家逐渐放弃任何具有象征意义的元素，达到了抽象主义：康定斯基似乎是第一位（从 1910 年起）创作抽象作品的艺术家。另一方面，有些人更注重形式。

《一条叫安达鲁的狗》

第一部超现实主义电影，由路易斯·布纽尔（Luis Buñuel）和萨尔瓦多·达利（Salvador Dalí）历时 15 天合作拍摄，于 1929 年在巴黎首次上映。

未来主义者（翁贝托·波丘尼、贾科莫·巴拉）渴望捕捉运动，反映工业时代的新特性：速度。立体主义者（巴勃罗·毕加索、布拉克·乔治、胡安·格里斯、尔南德·莱格）则将现实世界进行分解，然后再任意重构。表现主义、未来主义和立体主义为抽象派开辟了道路，紧随其后的是坚定的俄国先锋派运动，如光线主义（米歇尔·拉里奥诺夫、纳塔莉亚·冈查洛娃）、至上主义（卡济米尔·马列维奇）、建构主义（弗拉基米尔·塔特林、亚历山大·罗德琴科、亚历山大·纳博、安托万·佩夫斯纳）……

因此，在第一次世界大战前，先锋派已对现实主义和古典美学理想提出了质疑；它摒弃了自文艺复兴时期以来就一直被遵循的透视原则以表达非物质性。先锋派画家和雕塑家摆脱了正统的束缚和对自然的约束。大战不仅碾碎了资产阶级价值观，也使艺术家完全独立于自身之外的任何规范。

虚无主义与潜意识

屠杀与通过战争捍卫的伟大理想形成了鲜明对比，进而催生了达达主义。该运动诞生于中立国瑞士的苏黎世，一些作家和艺术家为躲避战争逃离至此：罗马尼亚人特里斯坦·特萨拉（Tristan Tzara）、阿尔萨斯人让·阿尔普（Jean Arp）和德国人雨果·鲍尔（Hugo Ball）、理查德·赫尔森贝克（Richard Huelsenbeck）和汉斯·里希特（Hans Richter）。"达达"运动的名称是从法语词典中随机选择的一个儿语中截取的，这也显示了达达主义是一场既反传统又虚无的运动，它甚至否认艺术的概念，包括先锋艺术的审美准则。这种否定体现在马塞尔·杜尚（Marcel Duchamp）的"现成品"中，其中《泉》（La Fontaine，又名《喷泉》，1917年）展示的是一个倒置的小便池，它传递的理念是，任何物体都可以是艺术品：只要艺术家认为它是就足矣。

由于达达主义的否定一切的特征使它无法提出新的语言，一位投身此运动的诗人安德烈·布勒东（André Breton）创立了超现实主义。在《超现实主义宣言》（1924年）中，他将其定义为"纯粹的精神无意识活动。通过这种活动，人们以口头或书面形式，或以其他方式来表达思想的真正作用。在排除所有美学或道德

秘教与抽象：神智学先锋艺术

先锋派艺术运动都带有秘密教义（Ésotérisme）的烙印，它提出了一种与传统宗教和西方理性主义相悖的"精神性"（Spiritualité），随之制定了新的符号规则。其中最有影响力的是布拉瓦茨基夫人（Madame Blavatsky）创立的神智学（Théosophie），她声称存在一个古老的精神体，只有被授以奥义的人才能接近；由鲁道夫·斯坦纳（Rudolf Steiner）创立的人智学（Anthroposophie）从神智学派生而来，它阐述了颜色深奥的象征意义，确定了颜色与音乐的对应关系。这两种学说对康定斯基有决定性的影响，他的《论艺术的精神》一书提到了颜色与颜色组合对于观众灵魂产生的刺激。神智学对先锋派艺术进入美国发挥了重要作用：由于德国抽象画家、神智学家希拉·冯·瑞贝（Hilla von Reba）和所罗门·R.古根海姆（Solomon R. Guggenheim）之间的紧密联系，后者收藏了大量的"非客观"艺术品（如康定斯基和坚定的神智学家彼得·蒙德里安的作品），这些作品散发着一种超越精神的微光。同样被秘密教义所吸引的弗兰克·劳埃德·赖特（Frank Lloyd Wright）设计了古根海姆博物馆，希拉·冯·瑞贝获得了它的主管权。博物馆宛如神明的穹顶，其倒置的螺旋结构仿佛与宇宙相连，将整个建筑的内部都沉浸在神圣的灵感之光中。

插图 纽约古根海姆博物馆的内部，1959 年建成。

123

《玩具》，保罗·克利（Paul Klee）的水彩画

他的作品让人想到童年时的世界和"原始"的艺术（1931年，私人收藏）。

偏见之后，人们在不受理智控制时，则受思想的支配"。众多视觉艺术家（马克斯·恩斯特、伊夫·唐吉、安德烈·马森、琼·米罗、萨尔瓦多·达利、勒内·马格利特）、作家（路易·阿拉贡、菲利普·苏珀特）和电影人（路易斯·布努埃尔）参与了这场运动，使弗洛伊德揭示的无意识状态成为艺术创作的原动力。

艺术品经销商和大众

由于崭新奇特的艺术语言层出不穷，或脱

翁贝托·波丘尼（Umberto Boccioni）1913年的未来主义作品，题为《独特的空间形式的连续性》。体积的拉伸产生了运动感（现藏于纽约现代艺术博物馆）。

离主流趣味，或与主流趣味彻底决裂，艺术品经销商成为先锋派艺术找到目标群体的关键角色。在 1914 年以前的欧洲，巴黎是无可争议的艺术之都，诸如安布鲁瓦斯·沃拉德（AmbroiseVollard）、贝尔特·威尔（Berthe Weill）、克洛维斯·萨戈特（Clovis Sagot）、保罗·纪尧姆（Paul Guillaume）、保罗·罗森伯格（Paul Rosenberg）和丹尼尔·亨利·卡恩韦勒（Daniel-Henry Kahnweiler）等艺术品经销商为先锋派艺术的成功起到了举足轻重的作用。他们选择的客户由渴望获得创新文化作品的百万富翁组成，耀眼的身份使他们处于新兴的资产阶级之上，而后者也同样认为购买艺术品是社会地位崇高的标志。

他们的客户中包括俄国商人谢尔盖·舒金（Sergei Shukin）和伊万·莫罗佐夫（Ivan Morozov）等名人，他们是真正的艺术事业资助者，他们对艺术事业的资助促进了先锋艺术在俄国的传播。另外一个例子：德国实业家、政治家瓦尔特·拉特瑙（Walther Rathenau）和北美铜业巨头所罗门·R．古根海姆的艺术收藏构成了同名基金和博物馆的基础。上流社会不乏对"逾越"着迷的故作高雅之人（所罗门的侄女佩吉·古根海姆也是一位收藏家，写过一部名为《一名艺术成瘾者的自白》的自传，书的英文名字非常耐人寻味：*Out of this Century, Confessions of an Art Addict*），这些人便是谢尔盖·佳吉列夫（Serge de Diaghilev）和他的俄国芭蕾舞剧团作品的目标观众。在第一次世界大战之前，他们的表演是一流的先锋派艺术作品。其中包括创作于战时（1917 年）的著名芭蕾舞剧《游行》（*Parade*）。其布景和服装出自毕加索之手，故事主干源自让·库克多（Jean Cocteau）的文章，节目整体经过纪尧姆·阿波利奈尔（Guillaume Apollinaire）的指导，音乐由法国前卫作曲家埃里克·萨蒂（Erik Satie）创作，将现代生活的声音融入其中：打字机、汽笛声、飞机的声音……

革命，压迫

纯粹主义者在《游行》首演时高声宣泄他们的不满。佳吉列夫早已预料到这场"公愤"，并寄希望于此以吸引更多的观众，结果也如他所料。在艺术层面，先锋派是革命性的，随之而来的往往还有挑衅。但是，在政治层面，先锋派最初是反政

纳粹的贬低与更彻底的封杀

在德意志第三帝国初期，几位国家社会主义领导人，如1933年以来的大众教育和宣传部部长戈培尔（Goebbels），希特勒青年运动领袖巴尔杜·冯·席腊赫（Baldur von Schirach），将德国表现主义视为一种国家艺术，其根植于德国哥特主义。但是，传统的希特勒（年轻时曾想成为画家）浮夸品味盛行起来。表现主义和所有先锋派倾向的艺术都被第三帝国明令禁止。1937年，"堕落艺术展"在慕尼黑举行，这次展览汇集了包括保罗·克利、康定斯基、凯尔希纳、奥斯卡·科柯施卡在内的112位先锋艺术家的650件作品，以及20世纪20年代新客观主义（la nouvelle Objectivité）的代表人物和前达达主义者（或表现主义者），如乔治·格罗兹、奥托·迪克斯、马克斯·贝克曼的作品，他们已成为反军国主义者，鞭笞着魏玛社会的犬儒主义和腐败。这次展览旨在贬低现代艺术，并出于同样的目的，将疯子的作品与先锋艺术家的作品同时展出，以暗示他们之间的相似之处。这是历史上参观人数最多的展览之一：大约有400万人参观了在慕尼黑和其他十三个城市举行的这次展览。

插图　慕尼黑"堕落艺术展"照片。

治或右翼派的，如未来主义者和阿波利奈尔，后者是法兰西行动派的仰慕者，他在《奥菲斯》（*Orphée*，1917）中对"平庸的民主暴政"表示了担忧。未来主义赞颂战争、危险、力量和鲁莽，蔑视妇女和道德主义，因此它从一开始就与法西斯主义有着紧密的联系，如未来主义派的超民族主义分子马里奈缔（Marinetti）就是法西斯主义的创始成员之一。现代艺术家对贝尼托·墨索里尼法西斯主义的支持，为两次世界大战期间意大利文化创作的相对自由给出了解释。

1917 年布尔什维克革命后，革命从柏林到莫斯科，动摇着整个欧洲，先锋派与左派之间的关系也日益密切。在苏俄，革命废除了各领域的资产阶级惯例。紧锣密鼓的艺术实验由此开始，直至 20 世纪 20 年代结束。新经济政策同期，塔特林和罗德琴科的建构主义势不可当，它带有明显的功利主义色彩：艺术家顺应社会潮流，使用工业材料和技术——从玻璃、钢铁到摄影——建设未来。有益于社区的"工业艺术"趋势逐渐胜过了"实验室艺术"，即个人研究。1930 年，在哈尔科夫（乌克兰）举行的"大规模艺术和文学组织"会议指出，艺术家应该摒弃小资产阶级的个人主义，艺术创作必须系统化、集体化，"像军事行动一样按照中央队伍的计划进行"。从那时起，先锋派艺术被禁止；"社会主义现实主义"成为标准典范。

先锋派画家不符合希特勒德国的浮夸品味，因此遭到禁止。纳粹政权将其贬低为"堕落的艺术"，并强制推行一种为意识形态建设服务的艺术。这种艺术受古希腊的启发，赞美所谓的"雅利安人典型之美"，颂扬理想化的农民生活及其益处、力量、男子气概和英雄主义，这也是民族社会主义（National-Socialisme）的主要价值观。20 世纪 30 年代初，先锋派艺术受到欧洲大部分国家独裁统治的压制，却在法国得到蓬勃发展。法国的超现实主义者同情左派，并在西班牙战争期间明确表明了政治立场——这也是第二次世界大战之前先锋派艺术家最强有力的一次政治介入。

¿WHAT ARE YOU DOING TO PREVENT THIS? MADRID

要做什么才能阻止这些?

　　1937 年，面对被轰炸的马德里，西班牙共和国宣传部寻求国际援助的宣传海报。

　　插图（右侧） 纳粹党（NSDAP）庆祝 1935 年劳动节的徽章

坠入深渊

∽

　　1929 年，纽约股市崩盘，由此引发的"大萧条"演变为全球性经济危机。其后果是沉重的：加速了希特勒上台，并激起了日本的扩张野心。希特勒用种族主义和帝国主义意识形态引爆了紧张的局势，引发了第二次在世界范围内造成毁灭性破坏的冲突。

∽

1924 年的"道威斯计划"促进了欧洲的经济复苏：美国以对德国的贷款形式为欧洲旧大陆的金融体系提供补给，激励了其工业活动和国际贸易的发展。战后需求刺激美国经济呈现象级增长。与此同时，北美资本（占全球投资的 12.4%）也为欧洲经济增长注入了活力。1928 年，美国占世界工业产量的 44.8%；紧随其后的是德国（11.5%）、英国（9.2%）和法国（7%）。因此，这四个国家占到世界工业生产的 72.5%。通过贷款和进口，美国这个强大的火车头拉动欧洲车厢的向前，带动了全球经济列车的整体前进。但当头等舱的乘客无忧无虑、沉醉在美妙的爵士乐中享受着"疯狂年代"（Années folles，美国人称之为 Roaring Twenties，即"咆哮的二十年代"）带来的短暂繁荣时，车头的锅炉已经过热。

在美国，蓬勃发展的广告业促进了流水线工作和信贷销售，导致耐用品生产增加，对企业和个人的销售和贷款也有所增长。人们对经济将无限增长的信心在纽约证券交易所——美国的金融中心——得到充分体现，投资资金呈指数增长。

1929 年的"黑色星期二"

在纽约证券交易所赚取的酬金比任何其他类型的投资都要高很多，在这个过程中对股票的需求持续增长，使得股票价格膨胀。所有人都把钱投到利润不断回流的股票市场中。投资转变成了疯狂的投机：1925 年 1 月 1 日，股票的总价值超过了 270 亿美元；1929 年 1 月 1 日，这一数字达到近 670 亿美元；10 月 1 日，超过了 870 亿美元。市场的过高上涨引起了人们对证券贬值的焦虑，几天之内，经济学家凯恩斯口中的这个"新的虚构世界"彻底崩塌。10 月 24 日，"黑色星期四"，1300 万股股票成交。焦虑随之演变为恐慌，在 29 日的"黑色星期二"，1650 万股新股进入市场，股价急剧下跌。股市崩溃后，危机通过金融系统蔓延到其他经济领域。通过贷款购买股票的投资者纷纷前往银行寻找偿还债务的方法，但是银行此时已空无一文：是投机泡沫在为银行提供资金。银行不再发放贷款；工业受到经济收缩的影响举步维艰。国内消费萎缩，库存堆积，工农业产品价格下跌，恐慌蔓延。

人们无力偿还债务，亦无法回收投资。破产银行数量急剧增长，先是几百家，然后是几千家，成千上万人的积蓄被吞噬。那些缺乏贷款和客户的公司被迫关闭或大幅减少业务活动：1931 年，福特公司每周仅开放三天。从 1929 年到 1932 年，美国人均收入下降超过 50%，失业率从 3% 攀升到 25%，失业人口达到 1200 万人。贫困在城市和乡村蔓延，在这一时期，共有上百万个农场被无力偿还债务的家庭出售。由于美国在世界经济中的主导地位，这种萧条的局面蔓延到了全球其他地区。

1929

华尔街最黑暗的日子

1929 年 10 月 23 日，星期三，华尔街股市共成交了 650 万支股票，焦虑如巨浪般袭来。第二天，"黑色星期四"到来，经济危机开始。

股票持有者开始纷纷抛售，银行部门团结一致缓解恐慌：纽约证券交易所的副主席（摩根银行代理人）购买了价值 2400 万美元的证券。但在 10 月 28 日星期一，股票成交量达到950 万股。29 日星期二股市崩盘，1650 万股股票被出售，市价下跌了 40%。1932 年夏天股市崩溃结束，市价下跌了 83%。

插图 上图是华尔街的"黑色星期四"；右图是纽约股市的参考指数，即道琼斯指数的波动。

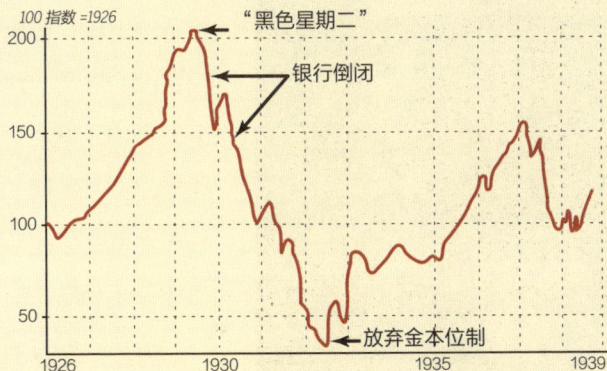

第二次世界大战之前的十年

1929—1931年

纽约证券交易所倒闭 美国和世界各地爆发金融和经济危机。货币和贸易体系崩塌。

1933年

德国大萧条 希特勒成为总理。罗斯福在美国推行"新政"应对危机。

1936—1937年

西班牙军事政变 西班牙内战。意大利征服阿比西尼亚。已占领中国东三省的日本继续入侵中国其他地区。

1938年

吞并奥地利，慕尼黑协定 捷克斯洛伐克将其领土的三分之一割让给德意志第三帝国。

1939年

希特勒占领布拉格 德国与苏联签署《德苏条约》。希特勒入侵波兰。英国和法国对德国宣战。

从华尔街扩展至全世界

20世纪20年代后半期，看似繁荣的工业世界实则基础脆弱。包括人们有限的需求与不断提高的工业和农业生产率之间的不平衡。在耐用品行业，大众消费能力主要取决于工人的购买力。在美国，20年代只为少数的富人群体"咆哮"：他们的利润增加52%，股息增长65%，而除他们外的大多数人口的工资仅增加了15%。市场无法再消化更多的住房和汽车，而房地产和汽车行业恰好是美国增长最快的行业。大众消费品却没有大众市场。在欧洲的工业化国家还有另一个限制消费需求的因素：失业。在1924年至1929年相对繁荣的时间里，英国和德国的失业率都在10%～12%。

美国、加拿大、阿根廷和澳大利亚农业生产的机械化和耕地面积的扩大引起小麦生产过剩，导致出口国和进口国的小麦市场价格普遍下跌，造成了北美地区、意大利和波兰农民的破产。这种生产过剩和价格暴跌的现象影响了从谷物到热带产品的生产：茶、咖啡、可可、糖、棉花。对铜和橡胶等原材料来说也是如此，尽管其产量自"一战"以来就一直不断增长。

因此，世界经济濒临深不可测的悬崖，如果需求继续萎缩，它就会坠入万劫不复的深渊。危机却已让局势不可逆转。一方面，由于国内消费下降，美国停止进口，并设立了关税壁垒以保护本国的生产者。美国消费了深度参与国际贸易的国家近 40% 的出口商品：美国市场的突然封闭在世界范围内造成了灾难性的后果。当美国女人不再购买丝袜时，日本的丝绸产业便轰然倒塌；尽管巴西试图通过将剩余的咖啡用作机车燃料的方式来维持价格，但咖啡的价格依旧暴跌。

另一方面，美国海外资本回归本土，最终使依赖这些贷款的德国和奥地利经济陷入瘫痪，并将危机扩散到了欧洲的中心。1931 年 5 月，奥地利最大的银行，联合信贷银行（Creditanstalt）破产，导致该国的金融体系和工业陷入崩溃。而德国银行在奥地利有利息分成，危机随之蔓延至德国，该国第二大银行——达纳特银行（Danat Bank）于 7 月破产。与美国相同的恶性循环在欧洲上演：信贷枯竭、工商业萎缩、失业激增。

国际货币体系（其参考货币为英镑和美元）随之崩溃。1931 年 9 月，英国放弃英镑—黄金等值体系。货币贬值使英国商品价格降低，在出口方面也更具竞争力。二十几个货币与英镑挂钩的国家也实行了货币贬值政策。1933 年，美国出于同样的目的也放弃了金本位制，其他国家随后也选择了相同的方式，包括 1936 年的法国。

同时，所有国家都像美国一样采取了贸易保护主义措施，设立了高关税和进口配额。因此，全球经济被分割为不同的区域，区域间互相竞争以争夺逐渐缩小的蛋糕：1929 年至 1932 年，世界贸易下降了 60%。那些拥有庞大"帝国"（意为既拥有市场又拥有原材料）的国家从中全身而退，如法国和英国。或者像在中美和南美实行经济霸权主义的美国。结果就是，那些没有"帝国"的国家积攒了更多的怨恨，为自己的扩张权被不公正地剥夺而感到愤愤不平。例如，日本就是如此，危机似乎证明了，他们必须控制朝鲜、中国东北地区及最终整个中国，或者德国，因为在"一战"结束后它被夺取了在东欧征服的殖民地和领地。

由于德国经济的崩溃，美国总统赫伯特·C·胡佛（Herbert C. Hoover）在 1931 年 6 月提议，各国政府间暂停债务支付（包括战争赔偿），为期一年，以促进

正统经济的失败

1931 年，各国政府采取的正统经济政策使 1929 年的股市崩盘进一步恶化，进而演变成全球性的经济萧条。正统经济政策以维持金本位制和预算平衡为基础。

第一次世界大战后，金本位制逐渐恢复。政客和经济学家认为，金本位制的稳定性为大战前的经济繁荣创造了有利条件。1928 年，31 个国家采用了该制度。但这种稳定是有代价的：政府必须维持货币间外汇行市的平衡，并以黄金和外币形式持有储备，因此不得不提出高利率以吸引投资者——这意味着政府无法通过使本币贬值的方法提高出口竞争力——并必须采取紧缩性财政政策以避免通货膨胀，这需要保证严格的预算平衡。因此，各政府齐心协力共同应对因金本位制加剧的危机。1936 年，英国经济学家约翰·梅纳德·凯恩斯（John Maynard Keynes）主张一种新的解决方案：使公共支出成为经济复苏的动力，这意味着制定有违正统的赤字预算。

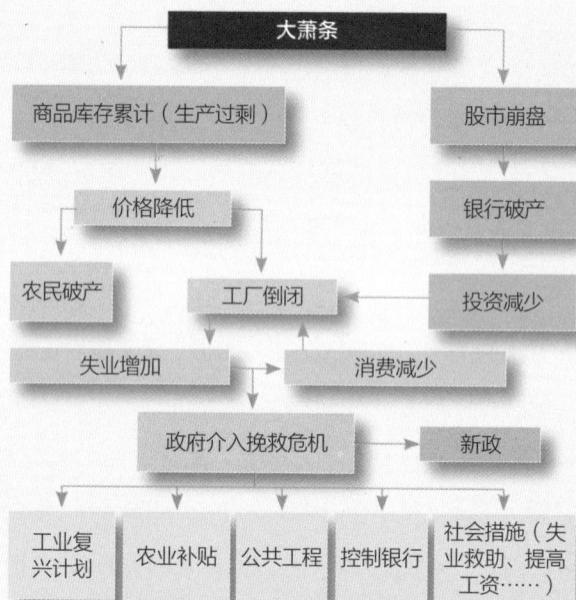

```
                           大萧条
        ┌──────────────────┴──────────────────┐
  商品库存累计（生产过剩）                      股市崩盘
        │                                        │
     价格降低                                   银行破产
     ┌───┴───┐                                    │
  农民破产   工厂倒闭 ←──────── 投资减少
     │                                        
  失业增加 ←──→ 消费减少
        │
  政府介入挽救危机 ──→ 新政
  ┌────┬─────┬─────┬─────┬──────┐
 工业复  农业补贴  公共工程  控制银行  社会措施（失
 兴计划                                业救助、提高
                                        工资……）
```

在美国，罗斯福政府减轻危机影响的政策产生了约 4% 的 GDP 赤字，但仍不足以刺激经济。此外，1936 年，罗斯福认为经济状况已有所改善，因此取消了赤字预算，在他看来，赤字可能会导致通货膨胀。次年，赤字预算的取消导致了经济严重收缩和失业增加。

世界经济复苏。在此期限即将结束时，德国和战胜国齐聚洛桑会议，商定将德国的赔款减少到 30 亿马克，且在三年后开始支付。但是法国、英国、意大利和比利时决定在他们与自己的债权人达成"满意的协议"之前，即美国免除他们的债务之前，不批准该条约。实际上，德国在会议之前已决定不再支付赔款，事后也是这样做的，法国也不再向美国偿还债务，而英国也在 1934 年停止了还款。1934 年 4 月，美国国会予以反击，批准了一项立法，禁止与尚未偿还战争债务的国家进行金融交易。

危机和政治极端主义

就国际政治而言，经济危机造成的损失是灾难性的。对那些试图通过保护主义解决问题的国家而言，经济危机激化了民族主义，这似乎印证了他们采取积极的领土扩张政策是合理的。德国认为自己已经偿清了赔款，开始鼓动所有想改变战后国际局势的国家去改变国际现状。此外，美国对欧洲事务的不信任和冷漠使事态加倍恶化。

在大众民主国家，承受经济萧条后果的也正是大众。失业数据也说明了一切：1932 年至 1933 年，即危机最严重的年份，英国和比利时的失业率达到 22%～23%，奥地利达到 29%，德国更是达到惊人的 44%。对工人家庭来说，失业是真正的灾难，因为失业救济金很低或根本没有，如在美国。此外，失业救济金也是政府最想节省的一笔支出，以达到控制财政赤字实现预算平衡（曾是应对危机常用的方法）的目的。经济崩溃及随之而来的人们的痛苦和绝望，使自由议会制遭到质疑，它与自由经济主义在政治上息息相关，而自由经济（引发的经济危机）却破坏了数百万人的生活。

共产主义者认为，大萧条吹响了世界末日的号角，预示着资本主义的终结，而法西斯主义则暴露了议会制的低效和革命的威胁性。20 世纪 30 年代，欧洲拥护极端主义的人以迅速且令人不安的速度增长。各种右翼运动崛起，参与摧毁民主的行动中；法西斯主义是这些运动中最新、最激进的。另外，美国通过一种经济政策缓和了紧张的社会局势。

移民母亲

摄影师多罗西亚·兰格（Dorothea Lange）于 1936 年 3 月拍摄了这张著名的题为《移民母亲》的照片。这个女人（弗洛伦斯·托马斯）和她的家人仅拥有一辆汽车，他们在加利福尼亚州从事季节性农业工作。1932 年至 1935 年，经济危机、干旱和沙尘暴蹂躏了大平原，许多农民前往加利福尼亚，希望能找到工作。俄克拉荷马州人和阿肯色州人因失去了在本地的产业而变得贫穷，他们开始侵占西南部的道路，并搭建了临时营地。约翰·斯坦贝克（John Steinbeck）在他 1939 年出版的小说《愤怒的葡萄》（Les Raisins de la Colère）中描述了这些人的悲惨生活。

罗斯福与新政

一片狼藉的经济形势和胡佛政府的不作为，使得富兰克林·德拉诺·罗斯福（Franklin Delano Roosevelt）获得了 1932 年 11 月大选的胜利。这位新总统出生于 1882 年，父亲是纽约的一位富有的农场主和民主党参议员，也是西奥多·罗斯福（Theodore Roosevelt）总统的远房表弟，他娶了西奥多·罗斯福的侄女埃莉诺。罗斯福在 39 岁时因脊髓灰质炎双腿瘫痪，但这并没有妨碍他继续发展政治事业。1928 年，他成为纽约州州长，与危机进行初次交手。1932 年 7 月 2 日，在提名他参加总统选举的芝加哥民主党总统候选人提名大会中，他许下了"为美国人民实行新政"的诺言。这个并没有详细计划支撑的承诺却让罗斯福成功上台。

1933 年 3 月，罗斯福就职。他通过联邦政府的多种举措弥补了竞选时具体方案的缺失，扩大了联邦政府的权限。新政府从救济银行开始。国家保证有偿付能力的银行的资金流动性，并将银行的储蓄业务与商业业务分开，因为这两种业务之间的混乱是危机的根源，这确保了小额储蓄者 5000 美元以下存款的安全。为了帮助损失惨重的农业部门并保持农业收入（直到 1941 年才恢复到危机前的水平），该体系为抵押资产的农民建立补贴和信贷制度，还设立了专门的配额以避免生产过剩导致价格下跌。为帮助已被击垮的地产业主，政府立法允许他们可以用 1/5 的抵押资产重复融资。政府还通过大型公共工程计划解决失业问题。

6 月，《全国工业复兴法》（NIRA）规定每周 40 个小时工作制和最低工资，赋予了美国工人一些欧洲工人享有的权利，如工会在企业或集体谈判中的代表权。罗斯福的民众支持率继续上升。罗斯福在广播中的"炉边谈话"节目有数百万人收听，加上政府的行动和总统的个人魅力，使民主党在 1934 年的立法选举中获得巨大胜利。保守势力对新政（Le New Deal）的反击从最高法院开始，1935 年 5 月，最高法院宣告《全国工业复兴法》无效。此举损害了法院的公信力，却让罗斯福赢得了更多的民心。1935 年 7 月，他成功地使国会批准了《瓦格纳法》（*La Loi Wagner*），该法案恢复了《全国工业复兴法》的劳动立法。新立法激励了美国工业组织代表大会（CIO）的广泛参与，用工会的形式凝聚钢铁、汽车制造和采矿行

商人反对罗斯福的阴谋

金融界和工业界的精英认为，"新政"的政策和工人对罗斯福的支持使国家上方笼罩着社会主义革命的威胁。据说，他们在 1993 年策划了一场取得军队支持的政变。

经济大亨及政客、民主党人和共和党人都认为，新政立法赋予了政府（被认定为左翼）在美国经济中前所未有的权力，侵犯了人民的自由和财产权。持有这些看法的人酝酿了"商业阴谋"（Business Plot），但在 1934 年，这个阴谋被退伍的海军上将斯梅德利·巴特勒（Smedley Butler）向国会的一个委员会揭发了。据他所说，律师杰拉尔德·麦奎尔（Gerald Mac Guire）自 1933 年夏天起就以工业和金融机构中介的身份为掩护与他接触，而这些工业和金融机构中包括化学巨头杜邦和实力雄厚的摩根大通银行。他们建议巴特勒以健康问题为由向总统发送最后通牒，使他将执政权交给一位"总务秘书"，而后者将根据密谋者的意愿行事。巴特勒这位正直的将军在老兵中很有威望，所以如果罗斯福拒绝，他将带领 50 万名退伍军人一起向华盛顿进军。除了巴特勒的证词，他们没有其他证据，国会认为阴谋尚未达到如此大的规模。

插图 1938 年的罗斯福。

业的工人，工业组织代表大会的行动也得到了美国共产党（CPUSA）的支持。8 月，罗斯福成功通过了美国第一部《社会保障法》，制定了养老、残疾和失业保险制度。

类似于一些欧洲国家的社会保障制度的建立，进一步提高了罗斯福的声望，他于 1936 年 11 月再次当选总统，也是自 1820 年以来总统当选者在选举中获得票数最多的一次。但是，罗斯福遭到共和党和保守派民主党人的反对，后者与工人（工业组织代表大会提供了 10% 的民主党竞选资金）、穷人和黑人支持的计划始终保持距离。罗斯福仅在国会中拥有多数席位，这实际上导致了新政的结束。新政的成效到底

如何呢？

尽管国民生产总值从 1930 年的 990 亿美元上升到了 1937 年的 1130 亿美元，但失业率在新政十年结束时仍保持在 16%～20%，到 1939 年依旧有 900 万人失业。实际上，是第二次世界大战结束了经济危机，1943 年战争使失业率降低到了 1%。此外，新政是以巨大的财政成本为代价的：国家债务从 1933 年的 225 亿美元增加到了 1939 年的 405 亿美元。但新政成功遏制了危机，缓和了危机造成的影响，并唤起了美国人迫切需要的信心。

反对失业

新政没有制订专门的方案来解决失业问题，但在多项措施中都引入了这一目标：雇用两百万名年轻人重新造林，建设大型项目，如跨越纽约哈德逊河的林肯隧道，均体现了新政对于失业问题的重视。

插图 1934 年，一些失业者在华盛顿的一个"粥棚"吃饭。

禁酒令：美国清教徒的失败

第一次世界大战后，保守精神在美国传播开来，颁布禁酒令的《美利坚合众国宪法第十八修正案》，即 1919 年的《伏尔斯泰得法案》（*la loi Volstead de 1919*）也体现了这一点。该法案禁止生产和销售酒精含量超过 0.5% 的饮料。

这项法案致使啤酒的销售量骤减，啤酒变成了该国的违禁品。主要由移民组成的工人群体在他们的社交圣地——酒吧相聚，啤酒在每一个酒吧里肆意流动。移民被视为对盎格鲁—撒克逊新教徒美国价值观的威胁，从这个意义上讲，禁酒令是移民恐惧的表现之一。禁酒令让犯罪组织秘密走私酒精的业务发展起来。著名的阿尔·卡彭（Al Capone，黑帮首领）通过走私酒精每年赚取六千多万美元。结果，腐败和暴力现象在整个北美蔓延开来。罗斯福上台后需要资金来应对经济危机：1933 年他废除了"禁酒令"，通过对酒类征税获得了需要的资金。

插图 意大利周刊《周日信使报》（*La Domenica del Corriere*）刊登的"禁酒令"结束后的场景。

斯大林领导下的苏联

在大萧条最严重的时期，有一个国家却没有经历失业问题，它就是苏联。苏联甚至在朝着赶超资本主义大国的目标前进。1929 年至 1938 年，苏联在世界制成品生产中所占的份额从 5% 增加到了 18%，而美国、英国和法国的制成品生产总量从 59% 下降至 52%。1928 年起，斯大林强行落实仅在一个国家——也就是苏联——实行社会主义的思想。为了使这一世界无产阶级的堡垒得以继续生存，必须缩小苏联与资本主义大国之间的差距，因为这些国家以粉碎苏联相威胁。斯大林在 1931 年宣布："俄国一直都因为落后而被殴

斯大林和布哈林

在这张可追溯到 1929 年的照片中，布哈林与斯大林并肩出现。他与另外 20 名党的领导人一起在第三次"莫斯科审判"中受审，被指控为托洛茨基右倾主义，意图摧毁苏维埃政权。除三人外，他们全部被枪决，其中就包括苏联内卫军的领导人亨里希·雅果达（Guenrikhlagoda）。

插图 布哈林旁边是格鲁吉亚的塞尔戈·奥尔忠尼启则（Sergo-Ordjonikidze，于 1937 年自杀）和拉脱维亚的贾尼斯·鲁祖塔克（Janis Rudzutaks，于 1938 年被处决）。

打 ······我们与发达国家相比落后了五十年到一百年。我们必须用十年的时间消灭这个差距。"为了实现这一目标，他宣布了两个比 1917 年革命本身更激进的计划：一是农业集体化；二是强制性工业化（托洛茨基的强烈建议），根据五年计划设定的经济目标进行落实。

为实现工业化——其最终目标是重新武装苏联，苏联投入了国民收入的四分之一到三分之一，而这笔巨大投入的来源只能是农民。随着农业的集体化和机械化，农业生产必须受国家控制，中介及其利润必须消失，城市的供应必须得到保证，与此同时，不再从事农业活动的人们为工业化提供了必要的劳动力。这些宏大的计划也反映了苏联在意识形态方面的担忧：斯大林和其他领导人对农民持怀疑态度，而农民占的人口比例却最大，领导者们认为农民是依附于地主的社会阶层，他们抗拒社会主义，苏联共产党（PCUS）是无法在农民阶级中生根立足的。因为苏共代表工人实行"无产阶级专政"，所以工人数量增加会扩大政权的社会基础。

希特勒的崛起

阿道夫·希特勒（Adolf Hitler）自 1933 年担任德国元首，征服苏联是他的目标之一。希特勒于 1889 年出生在前奥匈帝国，父亲是一名海关公务员，母亲是农民。1907 年到 1913 年，希特勒生活在维也纳，立志成为一名画家。虽然没有实现画家的梦想，但在帝国首都期间，他开始酝酿一些反马克思主义和反犹主义思想——由卡尔·吕格（Karl Lueger）掌权的维也纳提供了著名的反犹太政治模式。在同一时期，他开始探索雅利安秘学（Aryosophie），这是一种坚信雅利安种族优越性的神秘信仰，它将日耳曼的历史理想化，同时融合了超民族主义思想。1913 年，希特勒为逃避兵役前往巴伐利亚王国的首都慕尼黑，因为他不愿在一个对非德国人过于慷慨的帝国参军；1914 年战争爆发，他加入了巴伐利亚军队。战败和随之而来的革命在他心中留下了无法磨灭的烙印。他对"背后插刀说"理论的准确性深信不疑，认为犹太人和马克思主义者应该对军事上的失败负责。在"自由

慕尼黑政变：希特勒未遂的阴谋

当法国占领了鲁尔、通货膨胀达到顶峰时，**1923 年 11 月 8 日**，希特勒在巴伐利亚王国首府慕尼黑筹划了一次政变。当时的总理大臣是欧根·冯·克尼林（**Eugen Von Knilling**），该邦表现出脱离魏玛共和国的分裂主义倾向。

克尼林领导巴伐利亚人民党（BVP），该政党信奉天主教，主张恢复君主制，希望巴伐利亚独立。1923 年 9 月，面对包括冲锋队在内的巴伐利亚极右翼准军事集团构成的威胁，以及邻近的图林根和萨克森的左翼政府建立的民兵组织，克尼林将大权交予了古斯塔夫·冯·卡尔（Gustav von Kahr）。后者依靠警察局长赛瑟尔（Seisser）和将军洛索（Lossow）的支持进行统治。11 月 8 日，卡尔在贝格布劳凯勒啤酒馆召开会议，希特勒带领冲锋队占领了酒馆，试图说服卡尔、塞瑟尔和洛索夺取慕尼黑政权，然后进军柏林，与重新出山的鲁登道夫组建政府。但是，巴伐利亚保守的资产阶级与激进的冲锋队无产阶级并无太多利害关联。三人组成功逃脱，并在第二天让警察和军队干预此事，至此希特勒的政变结束。希特勒并没有忘记这件事：在 1934 年的"长刀之夜"（la Nuit des longs couteaux），他下令让党卫军（SS，也被称为黑衫队）逮捕并杀害了卡尔。

插图 1933 年，为纪念慕尼黑政变而设计的徽章。

军团"摧毁了巴伐利亚苏维埃共和国之后，慕尼黑成为德国右翼极端主义的温床。作为军队情报人员，希特勒密切关注着德国工人党（DAP）的活动。德国工人党是一个脱胎于修黎社（la Société Thulé [2]）的小团体，信奉的思想是雅利安种族主义、反马克思主义和反犹主义。希特勒迅速加入了德国工人党，并成为其主要宣传者。1920 年 2 月，在希特勒的倡议下德国工人党成为德国民族社会主义工人党（NSDAP，即纳粹党）。1921 年 7 月，希特勒成为该党的主席，在第二个月，他建立了自己的民兵部队，即冲锋队（SA，德语为 Sturmabteilung），其成员身穿棕色衬衫。

---

[2] 1910 年在德国成立的极端民族主义隐秘组织，另有"极北之地""图勒协会"和"道力会"等名称。——译者注

纳粹党抨击《凡尔赛条约》是完全的种族主义，呼吁掀起社会革命浪潮。一些"一战"的老兵，如赫尔曼·戈林（HermannGöring）、鲁道夫·赫斯（Rudolf Hess）、恩斯特·罗姆（ErnstRöhm）（组织了冲锋队）和阿尔弗雷德·罗森伯格（Alfred Rosenberg）（纳粹主义理论家）纷纷加入希特勒阵营。当时，希特勒还与第一次世界大战期间德国的总参谋长鲁登道夫（Ludendorff）保持联系，后者想让（魏玛）共和国终结。在1923年慕尼黑政变失败后，希特勒被判处五年有期徒刑，但他在1924年12月就被释放了。

登台掌权

在狱中，希特勒写了《我的奋斗》（*Mein Kampf*）一书，将自己的人生故事与社会达尔文主义（Darwinisme social）中人尽皆知的观点和民族主义运动思想相融合，裹以雅利安秘学的外衣。在希特勒看来，历史实质上是种族之间的斗争，而高贵的雅利安人种必须统治像斯拉夫人或犹太人这样的劣等人种。为完成这一使命，雅利安人必须保持自己身体和精神的纯洁，避免自己的血统与退化的种族融合，不得信奉诸如马克思主义之类的荒淫理论。与马克思主义的经济关系决定社会生活的思想相反，希特勒认为德国人民不应仅仅是由一群处于矛盾斗争的阶级组成的大集合，而是建立在"血与土"（Blut und Boden）基础上的雅利安民族共同体。这个共同体的生存需要通过以下途径才能实现：根除德国的犹太文化和马克思主义，将所有德国人凝聚在同一个国家、同一个领袖的领导下（"一个国家，一个民族，一个元首"的口号由此而来），征服欧洲东部的"生存空间"（Lebensraum），以为德国提供农业资源、原材料和为雅利安主人劳动的劣等人种。这就是希特勒利用20世纪的技术而建立的典型的19世纪帝国主义模式。

离开监狱后，希特勒决心通过政治途径上台而不再与军队对抗。依靠出色的演讲能力和超凡的人格魅力，希特勒不断加强宣传造势。同时，为了在街头宣传中占据上风，希特勒鼓动冲锋队采取行动。他创建了自己的私人卫兵团，即SS党卫军（Schutzstaffel，意为"保护队"）。然而，由"道威斯计划"带来的经济稳定并不利于极端主义的滋长和蔓延：1928年5月，纳粹党跻身德国国会大厦，获得了 491 个席位中的 12 个席位，而德国社会民主党（SPD）实力更进一步，与德国人民党（DVP）的自由民族主义者组建了联合政府，由社会主义者赫尔曼·约瑟夫·穆勒（Hermann Joseph Müller）领导。直到"大萧条"打破了这种政治平衡，为希特勒提供了选举基础。

1930 年 3 月，对削减社会支出（主要是失业保险）的争执导致了社会民主党和人民党联盟的瓦解，民主受创。《宪法》允许总理在未经议会批准的情况下，如果能够获得共和国总统签署的法令就可执政。此时的总统是 1925 年当选（时年 77 岁）的兴登堡元帅。这条宪法条文让兴登堡和库尔特·冯·施莱谢尔（Kurt von Schleicher）将军有机可乘，前者支持君主制且对共和国怀有敌意，后者努力捍卫军队的利益——两人都对他们本应捍卫的政权厌恶不已——使政权向专治和右倾化的方向发展。议会的局势已无法控制，为他们的阴谋提供了便利。兴登堡任命天主教中央党的海因里希·布吕宁（Heinrich Brüning）为总理，在后者成立的政府中，右翼政党取代了社会党。在政府的预算提案被议会拒绝后，兴登堡解散了议会。

在 1930 年 9 月的选举中，纳粹党赢得了 117 个席位，成为仅次于拥有 143 个席位的社会民主党的国家第二大政治力量。德国共产党（KPD）势力扩大，获得了 77 个席位，作为共和国中坚力量的社会主义者深受影响。纳粹党及其领袖赢得了一批因对经济和社会危机越来越感到不满的人民的支持，并将他们召集到极端民族主义的大营。这种现象在 1932 年 3 月的总统选举中更加明显，当时兴登堡赢得了 1865.1 万张选票，希特勒获得了 1130 万张选票。5 月，布吕宁辞职，因为他的土地改革计划被地主出身的兴登堡拒绝。

布鲁宁被天主教中央党的政客弗朗茨·冯·帕彭取代。帕彭是一个外交家，领导着由贵族组成的政府，即"贵族内阁"。施莱谢尔当时是国防部长，他针对兴登堡的阴谋导致了布吕宁的垮台和帕彭的崛起。1932 年 7 月，在一场真正的政变中，帕彭废除了普鲁士邦的中左派政府。当时普鲁士邦组成了三分之二的德国。在几天后的议会选举中，德国当时正经历着危机中最艰难的一年，社会民主党在国会大厦赢得了 133 个席位，天主教中央党 97 个，共产党 89 个，而希特勒却赢得了 1300 多

希特勒和兴登堡

1933 年 5 月 1 日，两位领导人在柏林参加一次青年集会。第二天，工会被宣布为非法。1 月，在奥斯卡（Oskar，兴登堡的儿子）的影响和弗朗茨·冯·帕彭（Franz Von Papen）的诡计促使下，年迈的兴登堡（时年 85 岁）任命希特勒为总理。

万张选票和 230 个议员席位。

由于希特勒和共产党都不想加入联合政府，因此无法形成多数派。在 11 月举行的新的选举中，情况没有任何改变。帕彭没能在议会中获得多数派支持遂辞职，当时他正在与兴登堡密谋建立独裁政权以恢复君主制。施莱谢尔警告说，这样的计划会使国家陷入内战。12 月，施莱谢尔成功地被兴登堡任命为总理，以避免这场冲突，但他也未能获得多数派的支持，不得不于 1933 年 1 月 28 日辞职。帕彭反对拥有军队支持的施莱谢尔，于是向希特勒提议主持政府，而他本人将担任副总理。帕彭认为自己届时可以随心所欲地操纵政府。

作为精英分子，兴登堡元帅并不重视希特勒，于是接受了帕彭的提议。1933年1月30日，希特勒被任命为政府总理，纳粹党接管了内政部和普鲁士邦，这几乎使他完全控制了德国警察。就像十年前的墨索里尼一样，希特勒开始利用自己的职权着手摧毁民主，以更好地建立属于自己的独裁政权。2月1日，他宣布解散议会，以在随后的选举中获得多数派的支持。

希特勒独裁统治

希特勒需要借口以镇压政敌。他终于找到了机会：2月27日，一名前荷兰共产党成员独自行动，炸毁了德国国会大厦——但此事件可能是纳粹自己策划的。希特勒以此揭发共产主义阴谋。第二天，一项保护人民和国家的法令中止了人民的权利和自由，这赋予了希特勒特权，并允许他追捕所有的"恐怖分子"。冲锋队发动了一场破坏性的暴力行动，对藏匿起来的共产主义者和泛左派的支持者进行武力镇压。纳粹党在3月5日的选举中获得了288个议会席位，赢得了低于预期的多数派支持。他们的民族主义同盟，德国民族大众党（DNVP）获得了52个席位；社会党获得120个，共产党81个，天主教中央党74个。3月23日，在德国共产党议员缺席的情况下，只有德国社会党投票反对实施纳粹"合法革命"：议会通过了"授权法案"，容许总理可以提出任何甚至是与宪法相违背的法案，而完全不需要议会的同意。

通往压迫的道路已经畅通无阻。4月，一个新的镇压工具准备就绪：国家秘密警察（盖世太保）。冲锋队从1月的45万人增加到了8月的290万人，他们在街头强制施行法律。第一个集中营在达豪开放，用以关押政权的敌人。4月至5月，政党和民主组织被解散。7月，纳粹党成为德国唯一的政党。

大炮和黄油

在副总理弗朗茨·冯·帕彭的坚持下，德国与当时教皇庇护十一世领导的天主教会签订了政教协定，确保新政权得到天主教徒的支持。但是，政权并没有获得军队、最保守的政治力量和金融势力的完全认可。实际上，由于冲锋队的罪行、对模

冲锋队的末日："长刀之夜"

　　冲锋队武装分子的暴力倾向、带有攻击性的反犹主义，以及关于"第二次社会主义革命"（继承已经成功的"民族觉醒革命"）的言论让保守派阶层和军事指挥部厌恶不已。

　　为了确保能够获得这两支力量的支持，希特勒于 1934 年 6 月决定清除冲锋队。鲁道夫·赫斯（Rudolf Hess）中尉开始为希特勒的计划做准备，他在演讲中揭露了"破坏分子"想让德国人互相对抗的意图，并"以'第二次革命'这个光荣的称呼来隐匿这场犯罪阴谋"。希特勒则散布谣言，称冲锋队的领导者们正在计划发动政变，并在 6 月 30 日至 7 月 1 日组织"蜂鸟行动"（Opération Colibri），命令党卫军中对冲锋队成员进行暗杀。冲锋队的领导人罗姆（Röhm）曾与希特勒一起策划"慕尼黑政变"，此时希特勒已命人在他的房间里放了一把手枪令其自尽，但他并没有这样做：两名党卫军枪杀了他。

　　插图　上方为罗姆（左）和赫斯；旁边为冲锋队的标志。

糊的"革命"的渴望,以及他们的领导人恩斯特·罗姆(Ernst Röhm)企图把军队纳入他带领的这个纳粹组织的想法,让上述势力对冲锋队没有任何信任可言。1934年6月30日晚上至7月1日(被称为"长刀之夜"),希特勒利用党卫军除去了罗姆和其他相关的纳粹领导者。此外,他还借此机会清除了像施莱谢尔那样的保守派政客。

在一个月后的8月2日,兴登堡逝世,希特勒兼任帝国总理和总统。军队向他宣誓无条件服从。同时,按照纳粹党制订的计划,对犹太人的迫害开始进行,该计划承诺将从"德国人民的身体"中彻底"清除"犹太文化。1933年4月,犹太人被排除在公职之外,他们的商业活动被抵制。同年9月,教育和文化领域里不再有犹太人的身影。最

希特勒向冲锋队发表讲话

1933年,多特蒙德市。冲锋队曾对阿道夫·希特勒的上台起到非常重要的作用,但后来却变成了这位总理的沉重负担,希特勒抛弃了他们的革命抱负:1934年2月2日,他向各区冲锋队长讲道,对运动内部的某些人而言"革命只是一种永久混乱的状态"。

终，1935 年 9 月的《纽伦堡法案》剥夺了犹太人的公民权，禁止犹太人和德国人通婚。随后是"水晶之夜"的大屠杀，"二战"前最残暴的反犹太行动。

对于希特勒来说，德国人民的至高无上及其物质福祉需通过征服东部的"生存空间"来实现：于是他让经济服务于武装的重新建设，元首（Führer[3]）与军队的联盟正式建立。国家垄断了经济领导权，剥夺了工人组织的所有权力；取消了自由竞争，但实际上，这并没有影

抵制犹太人

希特勒掌权后，针对犹太人的攻击变得日益普遍，如 1933 年 4 月 1 日抵制犹太人的商业：人们在他们的橱窗上悬挂"大卫之星"（Étoile de David）和张贴与上方照片中类似的海报（"德国人，保护自己！不要从犹太人那里买东西"）。冲锋队还要求一些商人佩戴黄色星星。1938 年，"水晶之夜"标志着犹太人大屠杀的开始。

响工业的发展，相反，工业的利润猛增。对重整军备的投入是以牺牲消费品支出为代价的，这导致了经济局势日益紧张。此外，庞大的军事投入引发了政府巨大的财政赤字，尽管这个赤字被小心翼翼地掩饰着。最严重的经济失衡在 1935—1936 年的冬季到来，食品供应困难，肉类和油脂价格飞涨，工资水平下降更是雪上加霜。

元首通过一次强有力的出击平息了民众的不满：希特勒的部队于 1936 年 3 月占领了非军事区莱茵兰，而根据《凡尔赛条约》，莱茵兰必须保持非军事化。这次行动激发了德国民众的热情，而 8 月在柏林奥运会的盛况也让其他国家对德国羡慕不已。但这些并不能解决由于巨额军费开

---

[3] 德语中特指希特勒的词语，原意为"领导人"。——译者注

支而导致的即将到来的经济崩溃问题。1936 年 10 月，纳粹德国批准了一项四年计划，计划通过生产合成材料（从燃料到纺织纤维）来实现经济上的自给自足。这项计划将促使德国从 1940 年开始发动征服侵略战争，以保证自己民族的未来。

当时，希特勒拥有一定的支持率，这也得益于国民教育与宣传部长约瑟夫·戈培尔（Joseph Goebbels）对媒体的绝对控制。尽管希特勒创造的"经济奇迹"在很大程度上是建立在工人阶级的低工资之上的，但人民的生活条件确有改善。国家向工人提供休闲活动，并以此为目标建立了 KDF（"力量来自欢乐"）组织；工人们可以在空闲时去看电影、参加音乐会、跳舞或去乡间游玩。随着大众汽车——一辆仅花费一千马克的"人民的汽车"的出现，拥有汽车似乎也变得触手可及。教育和医疗都是免费的。家庭可以获得津贴，这也让妇女远离劳动力市场，从而降低了失业率。最后，纳粹党的战斗精神和经济复苏促进了社会流动：如果既不是左翼也不是犹太人，那么未来看起来还是充满希望的。

虚弱和分裂的法国

1931 年，经济危机到达法国，当时国家由右翼政府领导。后者实行的贸易保护主义政策并未阻止由"大萧条"引发的社会紧张。激进分子赢得了 1932 年 5 月的议会选举，但工人国际法国支部（SFIO）的社会主义者拒绝与其共同组建政府，原因是他们对激进分子实行的经济政策感到不满。一方面，这些经济政策规定维持金本位制（使法郎与其他贬值的货币相比升值，加剧了经济衰退）；另一方面，希望在不导致通货膨胀的情况下保持预算平衡，因此只能减少社会支出。在局势失控，冲突爆发之前，法国共有五任内阁交替领导政府。

史塔维斯基事件——一件牵扯激进分子的腐败丑闻——成为局势失控的导火索。1934 年 2 月 6 日晚上，极右翼（分布在各个保皇主义、极端天主教、反犹太人和反共济会的同盟中，如法兰西行动派、国王的小报贩、青年爱国者联盟、火十字团）在议会中的右翼势力鼓动下在巴黎制造了严重的混乱。左翼在巴黎的政变失败了。这促使社会主义者和共产主义者在 7 月缔结联盟，1935 年激进分子也加入此联盟，该联盟成为人民阵线

纳粹党的第十次大会

1938 年，纳粹党在纽伦堡举行最后一次大集会，由于奥地利并入德国，此时的德国被称为"大德意志"（第 152 页）。

（Front Populaire）的雏形，在 1936 年 5 月的议会选举中获得胜利。

1936 年 6 月，由安德烈·莱昂·布鲁姆（André Leon Blum）领导的激进社会主义政府成立。一系列罢工使雇主委员会被迫签订《马提翁协议》（Accords de Matignon），协议内容包括加薪、每周工作 40 小时、带薪休假和各种工会权利。政府将军备工业国有化，并且控制了银行业。工人将这些视为新时代的曙光，此时却物价上涨、产量下降、资本出逃。10 月，政府实行法郎贬值政策，以提高生产竞争力，降低通货膨胀，但此举并没有成功。1937 年 3 月，布鲁姆暂停改革。

失望和沮丧的情绪在工人中蔓延。共产主义者谴责布鲁姆不向西班牙共和国提供帮助，从 1936 年 7 月开始，后者就开始与叛乱军队交战。企业领导者们和极右翼的反对变得更加激烈，更糟糕的是法国本土法西斯主义开始出现——法国人民党（le Partipopulaire français）成立，反犹主义分子对犹太人出身的布鲁姆发起猛烈攻击。全国各地都被内战的气氛所笼罩，这也解释了后来亲德国的维希政府为什么能够获得支持。但是，以激进党为代表的大多数中产阶级仍然支持自由民主，他们脱离人民阵线，也不再支持布鲁姆。

1938 年 4 月，布鲁姆被激进派的爱德华·达拉第（Édouard Daladier）取代，后者以右翼思想领导政府，取消了每周 40 小时工作制，国内危机与国际危机趋于一致：1938 年 9 月，由于法国实力远弱于德国，因此不得不在英国之后同意签署《慕尼黑协定》，社会主义者和共产党停止了对政府的支持。1939 年 3 月，希特勒军事入侵捷克斯洛伐克，达拉第从议会获取了通过法令统治的权力，以加快军备重整。法国进入分裂和士气低落的战争时期。

稳定的大不列颠

在 1929 年 5 月的选举中，工党赢得了 287 个席位，保守党赢得了 260 个席位。在自由党的支持下，詹姆士·拉姆齐·麦克唐纳（James Ramsay MacDonald）取代了斯坦利·鲍德温（Stanley Baldwin）担任政府首相。但是，1930 年至 1931 年，英国受到经济危机的冲击、失业率上升，政府被置于两难的境地：增加社会支出；像保守党要求的那样减少社会支出。这个问题造成了工党的分裂，1931 年 8

华里丝和爱德华：引发危机的婚姻

继位不到一年的国王爱德华八世退位，导致了英国在两次战争之间最严重的政治危机。这场危机从 1936 年 1 月 20 日爱德华的父亲国王乔治五世（George V）去世开始，直到 1936 年 12 月 11 日他的兄弟乔治六世接替他的王位为止。

从 1934 年开始，风流倜傥的爱德华王子与华里丝·辛普森出双入对。华里丝是一个与纳粹政要友谊深厚的美国已婚妇女，并且有过一次婚史。爱德华加冕后仍与她经常见面。1936 年 11 月，他向政府首脑斯坦利·鲍德温宣布，他想在华里丝离婚后与她结婚。但爱德华是英格兰国王和英国国教圣公会的首领，而国教绝不接受离婚。鲍德温、坎特伯雷大主教（Archevêque de Canterbury）和主要政治领导人召开会议并决定国王不能娶华里丝，所以他有三种选择：放弃结婚、退位结婚或不退位结婚。最后一种选择甚至会威胁皇室的存在，因为政府将因此辞职，而反对派则将拒绝组建新的政府。12 月 10 日，爱德华签署退位书。

插图 1937 年的爱德华和华里丝。

月，麦克唐纳辞职，与自由党、保守党和工党共同组成国民联合政府。首相随后被同僚指控为叛国罪，被从工党驱逐，而大多数工党议员反戈到了反对派阵营。按照正统经济学的规则，政府提高了税收，减少了社会支出，放弃了象征着稳定却严重拖累了英国经济的金本位制。

1931 年 10 月和 1935 年 11 月，保守党赢得选举，控制了国民联合政府。麦克唐纳担任首相至 1935 年 6 月，此后是保守派鲍德温，直到 1937 年 5 月保守派财政部长内维尔·张伯伦（Neville Chamberlain）继任。张伯伦是英国经济复苏的主导者，他实行了贸易保护主义和对英国殖民地和领地的"帝国主义优惠"政策，在工业和建筑部门实行激励措施，对农产品实行价格支持。1938 年，工业生产比 1930 年增长了 30%（英国成为仅次于美国的第二大汽车生产国），失业率从 1933 年的 23% 下降到 1937 年的 10%。

这也阻止了共产主义者和奥斯瓦尔德·莫斯里（Oswald Mosley）领导的英国法西斯联盟在议会获得议员席位和扩大影响力。1936 年 12 月，国王爱德华八世（Édouard Ⅷ）为了和华里丝·辛普森（Wallis Simpson）结婚选择退位，他的兄弟乔治六世（George Ⅵ）继位，这也证明了当时国家的体制稳定。后来在日本、意大利和德国对国际秩序的挑衅下，政治分歧出现。

经济危机和舆论宣传的和平主义——大众仍被"一战"中可怕的记忆所支配——迫使英国和法国限制其军事预算，作为《凡尔赛条约》制定的国际秩序的维护者，他们的责任日益沉重。在这两个国家对面，是被墨索里尼称为"被剥夺者"和"无产者"的德国、意大利和日本，它们开始崛起并摒弃自由的世界秩序。

中国东北和埃塞俄比亚

日本是第一个采取行动的国家。经济危机加剧了侵略性民族主义在日本的发展，它针对西方强国，因为这些国家阻止日本在亚洲获取原材料和市场，而自己却从中受益。日本军队认同上述理论并宣扬征服大陆的政策。1931 年，日军启动该政策，中国东北的日军指挥部下令占领该地区，以应对重新武装起来的苏联，以及他们与控制中国北部的军阀之间关系的恶化。东京政府在此建立了一个伪满洲国，由中国末代皇帝溥仪统治，他是满族的后裔。面对日本的侵略，中国求助于国际联盟，但国际联盟对此只是表示了谴责。该组织明确地表示，它无法保卫被攻击的国家：这无可挽回地破坏了 1919 年建立的集体安全体系。1933 年 5 月，日本退出国际联盟，同年 10 月，德国退出。

墨索里尼清楚地看到了国际联盟的无能，他终于有机会实现自己的梦想：扩大意大利在非洲的领地（利比亚、索马里、厄立特里亚），以建立新的罗马帝国。他还觊觎阿比西尼亚（今天的埃塞俄比亚，当时非洲唯一的独立国家）和利比里亚。人们认为，阿比西尼亚拥有丰富的矿产储藏，所以才吸引了意大利大量的投资。1935 年 10 月，意大利对阿比西尼亚的入侵从厄立特里亚开始。1936 年 5

伪满洲国，一个日本在中国建立的帝国

1931 年 12 月 18 日，日本公司在中国东北修筑的一条铁路被炸毁。日本将这次爆炸归咎于中国的武装分子，并以此为借口迅速占领了中国东北这片它垂涎已久的中国领土。

入侵中国东北地区是关东军指挥部的一次大胆尝试。日本军队尚武好战，关东军则是推行其扩张主义的先锋部队。关东军一直为夺取政权而努力，并于 1936 年尝试发动了一次政变，但以失败告终。裕仁天皇并未谴责这次入侵。因为这让日本控制了一个拥有超过 3000 万人口的地区，而这个地区拥有丰富的煤炭和铁矿储藏、优良的港口和密集的铁路网络，对于一个受到大萧条严重冲击的国家来说这些资源当然十分重要。这片领土成了伪满洲国，由中国的末代皇帝溥仪统治，实际上除了日本以外没有其他国家承认他这位皇帝。日本在这里发展了强大的重工业：这为 1937 年日本大规模入侵中国提供了必要条件。

插图 1932 年的溥仪。

月，意大利在与使用老式步枪和长矛的军队对战了七个月，并用毒气轰炸了当地民众之后，直接占领了阿比西尼亚的首都亚的斯亚贝巴。维克多·以马内利三世（Victor-Emmanuel Ⅲ）被封为埃塞俄比亚皇帝。墨索里尼认为，西方强国不会干预此事以"捍卫一个被普遍认为是野蛮的、不配在文明民族中占有一席之地的非洲国家"。国际联盟制定了不涉及初级产品的贸易禁运政策。这项措施使该组织彻底威信扫地，并使墨索里尼与法国和英国渐行渐远，而与希特勒越走越近。

　　1936 年 5 月，巴多格里奥（Badoglio）元帅进军亚的斯亚贝巴。1896 年，意大利的部队曾在阿杜瓦被阿比西尼亚人击败，这次对阿比西尼亚（埃塞俄比亚）的占领终于让意大利大仇得报。这标志着墨索里尼重建以地中海为中心的新罗马帝国的梦想进入新阶段。意大利对阿比西尼亚的占领对法国和英国在中东的利益构成了威胁。但是，这两个国家并未对意大利人的领袖（Duce，意大利人对墨索里尼特有的称呼）采取任何严厉措施，因为他们想阻止意大利与德国日益亲近的关系。但国际联盟针对意大利颁布的禁运令（尽管对意大利来说并无大碍）足以使墨索里尼感到被冒犯，并促使他转向希特勒。

德国的扩张

　　墨索里尼踏上实现雄心壮志的征途，正如他在 1932 年向作家埃米尔·路德维格（Emil Ludwig）吐露的那样，他梦想成为新的尤利乌斯·恺撒（Julius Caesar），"人类历史上最伟大的男人"；希特勒则明确了他的执念，正如他在《我的奋斗》中所述：终止凡尔赛的国际秩序，组建一支强大的军队，为所有德意志人建立一个统一的国家。他在 1936 年 3 月说道："我带着坚定的决心在上帝指明的道路上毫无迟疑地前进。"

起初，英美两国认为希特勒将所有德意志人凝聚在共同的边界内的外交政策是合理的。1935 年 1 月，萨尔（自战后一直由国际联盟掌管）组织了一次全民公投：90% 的选民投票支持重新回归德国。3 月 1 日，萨尔重回德国，标志着希特勒德国扩张的开始。

15 天后，希特勒恢复了义务兵役制，同时宣布扩军。民主国家不仅没有对这种违反《凡尔赛条约》的行为做出反应，而且，不顾被惹恼的法国，英国与德国签署了一项海军协议，德国承诺不会让其舰队规模超过英国舰队的 35%。此举实际上等于将《凡尔赛条约》置之不理。1936 年 3 月，当全世界的注意力都集中在意大利对埃塞俄比亚的入侵上时，希特勒宣布了《洛迦诺协定》（ les Accords de Locarno ），德国在该协定中承认莱茵兰的非军事化：他趁法国犹豫不决之际占领了该地区，认为法国不太可能对其行动做出军事反应。

1936 年 7 月，西班牙内战爆发。这是各国不断膨胀的法西斯主义的交汇点。在希特勒和墨索里尼的支持下，驻扎在摩洛哥的西班牙叛乱军队穿过直布罗陀海峡，并使军事政变演变为内战。他们向佛朗哥将军（ général Franco ）提供物质支持，帮助叛乱分子取得了胜利。法英两国的沉默使希特勒确认了自己的猜想，希特勒认为自由民主制国家已日薄西山。1936 年 10 月，罗马—柏林轴心形成，以对抗法国和英国阵线，"被剥夺"国家与"占有者"国家之间的对抗局面就此明确。一个月后，德国和日本签署了针对苏联的《反共产国际协定》。意大利于 1937 年 11 月加入该协议，并在次月决定退出国际联盟。渴望建立模糊的世界"新秩序"的国家自此形成联盟，也将其阴谋日益清晰地公之于世。1937 年 7 月，日本开始了对中国的大规模入侵，当时中国正深陷内战的泥潭，对战双方是蒋介石领导的国民党和毛泽东领导的中国共产党（后来两者团结起来共同抵抗日本的侵略）。

在这种背景下，奥地利被吞并，希特勒又迈出了一步。1938 年 3 月，在奥地利的纳粹分子发动恐怖行动之后，德意志国防军（Wehrmacht）入侵该国。奥地利纳粹分子的领导者阿图尔·赛斯-英夸特（Arthur Seyss-Inquart）成为"旧东马克"（Ostmark）的统治者，"旧东马克"是奥地利成为德国的一个省份后的新名称。这

西班牙内战，一个国际问题

君主主义者、右翼自治组织联合会 (CEDA)、长枪党（佛朗哥的法西斯政党）等法西斯团体及众多武装部队军官，他们纷纷谴责赢得 1936 年 2 月选举的人民阵线（Frente Popular），断言那样的选举结果会让西班牙共和国滑向共产主义和政治混乱的深渊。

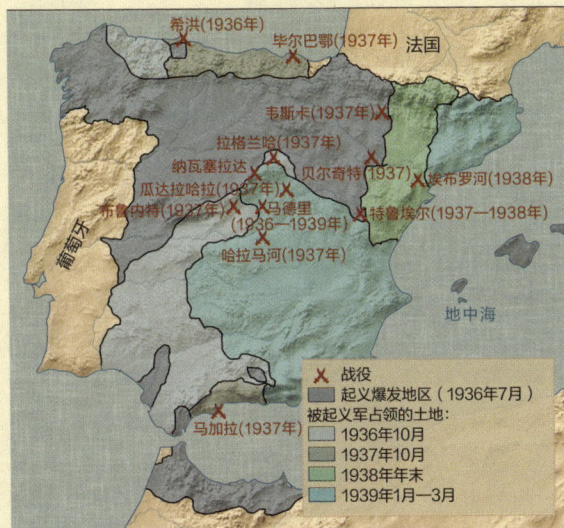

图例：

✗ 战役

起义爆发地区（1936 年 7 月）

被起义军占领的土地：

- 1936 年 10 月
- 1937 年 10 月
- 1938 年年末
- 1939 年 1 月—3 月

在此背景下，7 月 17 日至 19 日，军事暴动在拥有民众支持的西班牙地区取得成功。采取行动之前，拥护君主制的谋反者已与墨索里尼合作，在暴动开始之后又获得了希特勒的帮助。对于领袖（Duce，特指墨索里尼）和元首（Führer，特指希特勒）而言，西班牙这位地中海的政治盟友对他们大有裨益。英国的保守党政府对西班牙共和国怀有敌意，因为西班牙的工人组织鼓动革命；此外，英国对希特勒实行绥靖政策。8 月，面对英国如此的态度和在支持西班牙共和国这个问题上遭到的公众一致反对，法国政府提出签署一项不干涉协议，禁止向西班牙交战双方供应军事装备，希望以此防止叛军得到希特勒和墨索里尼的帮助。希特勒和墨索里尼虽然签署了协议，但却继续向他们的西班牙盟友提供武器，该条约反而妨碍了西班牙共和党政府获得外部的帮助。只有苏联从 10 月起向其提供支援，因为斯大林意识到叛军的胜利将巩固意大利和德国的地位。苏联的支持使西班牙共和国一直抵抗到 1939 年 3 月。

插图 叛军首领佛朗哥。

《格尔尼卡》，反战控诉

1937 年 4 月 26 日，星期一，巴斯克市格尔尼卡遭到德国秃鹰军团和意大利空军的毁灭性攻击。5000 名居民中有 100 人到 300 人丧生，城市沦为废墟。此事件启发毕加索创作了他的杰作：于 1937 年 5 月创作的一幅近 3.5 米高、7.8 米宽的布面油画，该画作在巴黎万国博览会西班牙共和国展馆中展出。毕加索控诉："西班牙战争是一场反人民、反自由的战争。"他解释说："我将这幅画命名为《格尔尼卡》，通过这个作品和我最近的所有作品，我想明确地表达我对军事集团的厌恶，它使西班牙陷入痛苦和死亡的海洋。"这幅著名的画作直到 1981 年民主制度恢复后才回到西班牙。

轰炸 当袭击事件的消息传开后，佛朗哥派在宣传中指责共和党人（"红军"）在撤退期间自己摧毁了这座城市："佛朗哥统治的西班牙没有烈火。"

1937 年的毕加索 这位来自马拉加的艺术家在他的巴黎工作室创作《格尔尼卡》期间的画像。

西班牙展馆的代表

站在中间拿着烟的是巴斯克政府总统何塞·安东尼奥·阿吉雷（José Antonio Aguirre）。在他右边的是展馆专员何塞·高斯（José Gaos），他也是一位哲学家；在他旁边的是驻法国大使安赫尔·奥索里奥·卡拉多（Ángel Ossorioy Gallardo）和加泰罗尼亚政府宣传专员贾米·米拉维特莱斯（Jaume Miravitlles）。

1 展馆 1937年7月12日落成，由约瑟普·吕斯·塞尔特（JosepLluísSert）和路易斯·拉卡萨（Luis Lacasa）设计。展出的作品包括《格尔尼卡》，胡安·米罗（JoanMiró）的壁画《收割者》（leFaucheur），以及考尔德（Calder）和朱利奥·冈萨雷斯（Julio González）的雕塑。

6 垂死的马 它的身体有一道纵向的伤口，被一支露着尖端的长矛刺穿。它痛苦不已地嘶鸣，像公牛一样将头转向左面。

2 孩子的母亲 一个泪流不止的女人抱着她已经没有生命的孩子，将她扭曲的脸庞朝向天空，撕心裂肺地哭喊着。

7 弯腰的女人 她的姿势表明她正在逃离着火的房子。画家将其描绘为几乎在爬行的状态，仿佛没有力量去挣脱恐惧和毁灭。

3 公牛 唯一直视观众的形象，有很多的解释：死亡的象征、法西斯主义的残暴、英勇的西班牙人民。

8 举灯的女人 她将头探出着火房子的窗户，手中的灯散出的光形成了一个三角形，在深色背景下显得格外醒目。

4 鸽子 第一眼很难辨认出这是和平的象征，它似乎也在哭泣；它的轮廓位于背景中，毕加索只画出了一个白色的翅膀。

9 呼喊的女人 她的手臂伸向天空，嘴巴张开，不停地哭喊，仿佛正被吞噬着房子的烈火包围；在背景中，我们可以看到另一座被烧毁的建筑。

5 电灯 裸灯的亮光刺破黑暗，就像爆炸迸发出的光芒一样；可能它象征的是投向格尔尼卡的炸弹。

10 颜色和形状 为了突出痛苦，画面中除了黑色、白色和一系列的灰色之外没有其他颜色。人物在风格上是立体主义的，但具有表现主义的特征。

次并入德国（德语中用 Anschluss 特指此次对奥地利的吞并）受到了大多数奥地利人的欢迎。在 4 月的全民公投中，支持与德国联盟的选民占到 99.73%。在此前一个月，奥地利主教发表宣言，呼吁信徒们"出于对种族的愧疚感"投票支持并入德国，并赞颂"人民实现大德意志帝国统一的千年愿望"。

英国和法国已无法遏制"被剥夺"国家，而且也不能指望美国这样做：面对日益加剧的全球紧张局势，美国国会批准了多项中立法，使英法两国在太平洋和亚洲的影响变得更加脆弱，欧洲人认为美国人将会在那里扮演更重要的角色。

愚人市场

和平主义的力量、对战争的极大恐惧及认识到缺乏应对欧洲和亚洲崛起的世界级军事威胁所需的经济资源，这些因素促使英国首相内维尔·张伯伦采取绥靖政策。英国对苏联的由来已久的不信任也巩固了这一政策，英国的领导者们不把苏联看作盟友，而是纳粹德国会建造壁垒加以对抗的敌人。绥靖政策也得到了舆论的支持，舆论认为《凡尔赛条约》是不公平的。当时，人们认为，如果接受希特勒关于统一德国的"合理"主张，元首的怒火就会平静下来。法国别无选择，只能无奈地实行这一政策：它不能独自对抗德国。

实际上，与张伯伦谈判的德国人是完全不讲道理的，更谈不上真诚。因为一开始他们就将战争视为实现其政治野心的一种手段。

1928 年，希特勒在未出版的《我的奋斗》续作中写道："战争是人们为日常生计而战的最高武器。"1939 年，墨索里尼宣称："战争在实行财阀政治的国家间爆发。"但结果是，无论是自私的保守国家，还是贫穷的高人口密度国家，它们都无法幸免。两位统治者的价值观及其政权都是建立在对战争及战争重要性的狂热之上的。他们的好战民族主义不仅体现在表面，而且也是其计划的本质。

由于墨索里尼和希特勒另有打算，他们完全无视已签署的协议，这些协议对他们而言毫无价值。他们的国际政策实际上是把对黑衫军和冲锋队有威胁的行为转移到国际关系领域。他们永不满足。民主国家的领导人无法确定他们面对的势力的真实属性。在慕尼黑与希特勒会面后，张伯伦说道："最难的是他竟然表现得如此疯狂。"

《慕尼黑协议》

决定性的时刻在 1938 年 3 月德国吞并奥地利之后到来了，捷克斯洛伐克被德意志帝国从三面包围。在捷克斯洛伐克的苏台德地区居住着 300 万德意志人，由德国操纵的苏台德德意志人党成为捷克斯洛伐克的头号政治力量。9 月，希特勒支持该党的诉求，并要求苏台德进行政治自决。捷克人寄希望于他们与苏联和法国的结盟，但苏联的支持与否取决于法国的反应，如果英国不参战法国就不会参战。然而英法比希特勒更不相信苏联。希特勒的要求更进一步，他提出兼并苏台德。

英国没有采取行动。张伯伦在广播中向他的同胞声明道："如果因为一场发生在遥远国家的冲突，我们就不得不挖战壕、试戴防毒面具、去与那些我们一无所知的人对抗，这是多么的可怕、荒诞和匪夷所思！"

为了讨论苏台德问题，德国、意大利、英国和法国在慕尼黑召开会议；而捷克人和苏联人却没有受邀。达拉第、张伯伦、希特勒和墨索里尼于 1938 年 9 月 29 日晚上至 30 日签署了满足希特勒要求的协议。捷克斯洛伐克失去了 1/3 的人口和领土，40% 的工业生产能力及其西面的基础防御设施。在下议院就协议进行讨论时，丘吉尔说道："让你在战争与耻辱之间做一个选择，你选择了耻辱，而你将来还得进行战争。"后来的历史也证明他是对的。

捷克斯洛伐克的剩余国土则被瓜分：波兰占领了特申，匈牙利占领了斯洛伐克和罗马尼亚的一部分地区，最后，德意志国防军在 1939 年 3 月占领了布拉格，并建立了波希米亚和摩拉维亚保护国，而斯洛伐克则成为纳粹的傀儡国，由约瑟夫·提索（Jozef Tiso）统治。希特勒德国仍不满足，这促使绥靖政策走向结束，并加快了英国和法国重新武装自己的步伐。此外，布拉格的沦陷使苏联远离了英国和法国，斯大林认为这两个国家试图将希特勒的扩张方向引到东面。希特勒转向一直是德国扩张目标的波兰，并宣布占领但泽市。5 月，希特勒与其军事头脑召开战争准备会议，他说："重要的不是但泽，而是扩大东部的'生存空间'和确保德意志人的生存。"然后，他做出一个"高明"的举动：1939 年 8 月 24 日黎明，德国外交大臣约阿希姆·冯·里宾特洛甫（Joachim Von Ribbentrop）在莫斯科与苏联签订互不侵犯条约，该条约包含一条德国和苏联瓜分波兰的秘密协

吞并苏台德，被希特勒利用的工具

德国人在苏台德地区的出现可以追溯到中世纪，当时有一些德国人移民到波希米亚王国并定居。随着时间的流逝，他们逐渐融入哈布斯堡帝国，但这个帝国在一次大战之后消失了。

一部分苏台德的德意志人要求加入奥地利，但 1919 年的《圣日耳曼昂莱条约》将苏台德划分到了捷克斯洛伐克。苏台德的亲日耳曼诉求在 20 世纪 20 年代曾消失过一段时间，但在 1933 年重新浮出水面，康纳德·亨莱因（Konrad Henlein）在希特勒的支持下建立了苏台德德意志人爱国阵线（le Front patriotique des Allemands des Sudètes），该党在 1935 年成为苏台德德意志人党（le Parti allemand des Sudètes）。在慕尼黑会议上，希特勒利用该政党的诉求促成了《慕尼黑协议》的签署。

插图 内维尔·张伯伦（在里宾特洛甫和希特勒中间）抵达慕尼黑，就同名协议进行谈判。

议。此外，德国将会把俄国在大战期间失去的领土还给苏联：芬兰、波罗的海三国和比萨拉比亚。

通往战争之路

德国入侵捷克斯洛伐克的行径让英国和法国大梦初醒。在下议院的一次演讲中，张伯伦宣布，如果战争真的爆发，他们不是"为了异国的遥远城市（但泽）的政治未来"，而是为了维护国际法的基本原则。英国和法国保证相互支持，并在波兰遭到入侵时向其提供帮助。但是，希特勒坚信它们不会采取行动，而他需要做的只是在波兰发动一场局部冲突。他向他的将军们说道："我们的敌人是懦弱的虫子。我在慕尼黑见到过他们。"但他错了。他对《凡尔赛条约》制定的国际秩序的最后一次破坏引

发了迄今为止最大的冲突。9月1日上午，德意志国防军入侵波兰。次日，巴黎和伦敦向柏林发出最后通牒，要求德国军队从波兰撤出，并于9月3日对德国宣战。

　　华沙的人们聚集在英国驻波兰使馆前，为英国人欢呼，并高唱着《马赛曲》在法国外交代表处前摆放鲜花和留言卡片。实际上，波兰人高兴得太早了。两天后的9月5日，英国驻华沙大使馆的工作人员罗宾·汉基（Robin Hankey）在给父亲莫里斯·汉基（张伯伦内阁的不管部大臣）的信中写道："波兰人将英勇奋战，但只凭他们自己是不能战胜德国佬的，现在该是我们摧毁德国工厂的时候了。"罗宾催促他的父亲采取行动："我们必须在德国突破东部阵线之前对其采取行动。"现实很快了然：法国和英国都不会采取军事行动去帮助波兰人。他们之前宣战并不是为了波兰，而是因为希特勒没有给他们其他选择。

档案：极权主义——服从与镇压

　　墨索里尼的意大利、希特勒的德国，它们抹杀个人的意义，让个人为实现政治乌托邦服务，而这些乌托邦是由永不犯错的领导人们精心指导、策划的。

1926 年 8 月，面对聚集在佩萨罗听他演讲的人群，墨索里尼宣称："法西斯主义不仅是一个政党，更是一个政权。它不仅是一个政权，更是一种信仰；现在赢

卐形钩十字

这是欧亚大陆的一个神秘符号（梵语中的卐字符），在"一战"后与日耳曼-雅利安人神秘主义和反犹主义联系在一起。希特勒以此形容他的标志："红色代表纳粹运动的社会意义，白色代表民族主义思想，而钩十字代表反犹太人。"

得意大利广大劳动人民支持的不仅是信仰，更是宗教。"我们很难说清楚墨索里尼、希特勒的独裁政权想要什么：创建新的个体、创造一个信仰乌托邦的共同体并成为其中的一部分——意大利地中海帝国、德意志民族帝国、无阶级区别的社会——而这个乌托邦则需要共同体之内的所有成员共同去建立。为了塑造新的个体并与人民建立必要的（一致的）精神联系，国家必须对人民生活的各个领域进行绝对控制。因此，1939 年出版的意大利中学历史教科书解释说："所以，法西斯主义国家是极权主义的，因为它渴望渗透整个国家。因此，墨索里尼的格言是：'国家即是一切，国家拥有一切，一切为了国家'。"

事实上，掌控政权的政治力量的计划是持续不断地发动群众，使他们融入国家生活。这个过程在一个政党的严格控制下进行，该政党与一整套的政治、社会和文化组织一起，共同构成了一个庞大的网络，从个人一出生起就紧紧包围着他。因此，个人在学校被灌输统一的思想，加入青年组织，在那里被反复教导要尊重等级制度，锤炼军人精神，因为乌托邦（法西斯主义或民族社会主义帝国的建设）的建立只有通过战争才能实现。在工作中，个人受到工会的严密监管；在空闲时间里，他醉心于参加一些国家组织提供的娱乐活动，如意大利国家康乐俱乐部（Opera Nazionale Dopolavoro）和德国的"乐力会"等。他通过报纸、广播或电影院获取知识和信息，而这些都是由国家自己精心编造的，或是由审查机构仔细删改过的。

科学乌托邦主义

如果没有工业社会的技术手段，极权主义的野心就不可能实现。工业社会使得建立这种庞大的社会监控网络成为可能。但对意大利法西斯主义来说这种监控还不够完善，因为天主教会和王室还保留着其自治权。与此相反，民族社会主义式极权主义则畅通无阻地大行其道。

民族社会主义式极权主义系统是基于所谓的科学基础。纳粹极权主义是基于生物学论述，这些论述确认了雅利安人的存在，纳粹借此呼吁通过实行严格的"种族卫生"政策和征服必要的生活空间以实现雅利安人的保护和扩张。

这种伪科学论据使那些领导人在建设理想社会的过程中摆脱了任何道义上的阻碍，他们在理想社会的保护下对抗社会或种族污染。监狱、酷刑、纳粹集中营因此出现，这既有力地证明了政权对个人的压榨，又体现了纳粹对恐惧的反应，纳粹害怕的是全球范围的犹太人阴谋会消灭德意志人。

希特勒的乌托邦：一个纯正血统的国家

　　定义民族社会主义国家的不是领土、不是文化，也不是语言，而是血统。希特勒认为，人民共同"种族血统"（Volksblut）的存在是德意志民族存在的先决条件，因此这个民族变成了一个生物学意义上的群体。因此，将德意志人定义为种族的法律应运而生，如德国国会于1935年9月15日批准的法律：《德意志血统与荣誉保护法》禁止德意志人与犹太人联姻或发生性关系；《德意志帝国公民法》仅将公民权授予具有"忠实地为德意志人民和德意志帝国服务的意愿和能力"和"德意志血统"的人。借助这条并非只针对犹太人的规定，约有600名由德国妇女和占领鲁尔的法国黑人士兵所生的混血儿童被剥夺了德国国籍。这些孩子在1937年被绝育，以保证他们不会破坏德意志人的血统。1933年，奉行优生政策的纳粹政权通过了《预防遗传病后代法》，批准对患有身体残疾或精神障碍的人进行绝育手术。除避免种族污染外，纳粹还想通过"生命之源"计划创造血统纯正的德意志人，在妇产科里经过精心挑选的年轻女人孕育着党卫军的孩子。

　　插图　纳粹宣传建设青年旅馆的海报。

169

面对面

1937 年，在巴黎万国博览会上，两个宏伟壮观的展馆——德意志第三帝国馆（左）和苏联馆（右），相对而立。

领袖们

人民对最高领导者的崇拜在意大利和德国的体现不尽相同。墨索里尼很早就知道如何使用那个年代的传播手段，他明白电影院和配图刊物能将人神化。他向公众展示了一个与自由意大利的老政客们完全相反的形象，他们蜷缩在自己的礼服里，与群众保持距离，而领袖则与未来主义者们形成精神默契，给人以充满活力和现代感的印象：人们看到他驾驶汽车（而希特勒则不会驾驶）、飞机和摩托车，练习击剑或滑雪，而他与农民们在"麦田之战"中赤裸上半身的形象更证明了他充满力量感的男子气概——当然是来自法西斯价值观的力量。墨索里尼形象中"俗气"的这一面通过一种联系得以平衡，它将法西斯政权及其领导者与罗马帝国光荣的过去联系起来。

至于希特勒，他在复杂的政权官方仪式中起到核心作用，以突出他的双重角色：知晓雅利安种族命运的先知——他作为人类救赎者的使命——以及将要完成这个使命的领导者。大型的群众活动对人民和元首来说都意味着精神上的相通。例如，9月初在纽伦堡举行的为期7天的年度党代会：最重要的时刻便是希特勒用握着"血旗"的手去触摸新的党旗，以此令其变得神圣。"血旗"上有一个钩十字，浸染着纳粹"殉道者们"在慕尼黑政变时洒下的鲜血。

理想的雅利安人之美

这个理想的灵感源自古希腊艺术，这一理想在希特勒最喜欢的雕塑家阿诺·布雷克（Arno Brecker）的作品中体现得淋漓尽致。

苏联军队攻下柏林

1945 年 5 月 2 日，苏联国旗在德国国会大厦上飘扬。

插图（右侧） 从 1941 年起德意志第三帝国的犹太人必须佩戴的黄星。

第二次世界大战

1939 年到 1945 年，世界陷入了有史以来最具毁灭性的冲突。武器的巨大破坏力和对平民的完全无视使这场战争成为一场全球性的屠杀。战争结束时，亚洲和欧洲已被蹂躏成一片废墟。仅有两个参战国家屹立未倒：毫发无损的美国和虽然精疲力竭但最终战胜死敌纳粹的苏联。

波兰遭受入侵标志着一种新型战争的开始，即结合使用飞机、坦克和机动部队的"闪电战"。德国在一周内兵临华沙，波兰的抵抗最终以失败告终。令人震惊的是，根据德国与苏联之间的秘密协定，苏军于 1939 年 9 月 17 日入侵波兰。波兰政府溃逃，其首都于 9 月 27 日沦陷，德意志和苏联共同瓜分波兰，这是自 1772 年以来波兰第四次从地图上消失。

9 月至 10 月，德意志帝国在波兰建立了一个镇压性政府，苏联则根据《苏德条

维希政权：工作中的通敌

　　1940 年 6 月，法国签署了停战协定，领土四分五裂。国家五分之二的领土将由贝当元帅领导的政权统治，尼斯地区被意大利控制，其余领土则被德国占领。

　　贝当将维希定为首都。维希是一个温泉小镇，这里的 300 家酒店可容纳 10 万名因巴黎失陷而失去官职的官员。维希组织工农业生产以为德国服务，并且根据德国人的要求，法兰西国家将支付占领军队的维持费用。但是，行会主义、专制、反自由、反民主和反犹太人的维希政权却得到了广泛的民众和政治支持。在温泉小镇的大赌场举行的国民议会（两院共同参加）以 569 票赞成和 80 票反对的结果赋予了贝当全权。这次投票揭示了法国在战前就已产生的深刻的社会分化。

　　插图　1940 年 6 月在巴黎弗里德兰大街上的德国士兵。

德国恩尼格玛密码机　用于加密信息。波兰是第一个尝试了解其运作方式的国家。

约》，将获得的波兰领土重新并入苏联：乌克兰和白俄罗斯的一部分。苏联还强行将军队部署在波罗的海三国中，这三个国家最终也被苏联吞并。由于芬兰拒绝让予苏联索求的领土，于 11 月遭到苏联入侵。1940 年 3 月，"冬季战争"以芬兰人的失败告终，但这场战争也让苏联红军遭受了极为严酷的考验。同时，这也让希特勒坚定了有很大把握击败苏联的想法。国际联盟谴责了苏联的侵略，并将其驱逐出去，这是有史以来国际联盟仅有的一次驱逐成员国。

　　西方被一种紧张的平静气氛所笼罩。英国军队无法进行陆战，而法国则采取了以防止冲突为特征的防御策略——在其西部防线，即长达 630 千米的齐格弗里德防线的堡垒内静静等待：希特勒在没有结束与波兰的战斗之前

并不想开辟第二条战线。法国人用"假想战"（la drôle de guerre）戏谑地描述这个双方都没有进行大规模军事行动的局面，而德国人称其为"静坐战"（Sitzkrieg）。

战火四起的欧洲

德国的装甲车和轰炸机部队休息了六个月。春天到来时，希特勒将"闪电战"扩大到了整个欧洲。1940年4月9日，他同时入侵了丹麦和挪威。瑞典通过丹麦将铁矿石出口到德国，而英国曾试图切断这个出口。真正的战争已经开始，但只持续了75天。一个

第二次世界大战的关键节点

1939年

苏、德瓜分波兰　苏联进攻芬兰，占领了乌克兰、白俄罗斯和波罗的海三国。

1940年

德国入侵　德国占领丹麦、挪威、荷兰、比利时、卢森堡和法国，对英国的空袭失败。

1941—1942年

第二次世界大战　希特勒入侵苏联。日军袭击珍珠港。日本、德国及其盟国对美国发动战争。

1943年

苏联获得斯大林格勒战役的胜利　盟军反攻意大利。墨索里尼落败。

1944年

盟军在诺曼底登陆　列宁格勒解放。华沙起义。东德前线屈服。

1945年

雅尔塔会议召开　希特勒自杀，柏林沦陷。德国投降。美国向广岛和长崎投放原子弹。日本投降。

月后，希特勒发起了一次致命的袭击：5 月 10 日，他的部队进攻了荷兰、比利时和卢森堡，并在两天后进入法国。德军的装甲部队突破法国-比利时边境，即位于阿登山区的前线——人们曾以为德国的装甲纵队根本无法穿过树木繁茂的高山地区——并在几天后到达拉芒什海峡，从而使在敦刻尔克的数万名英国、法国和比利时士兵陷入孤立无援的状态。直到 6 月 3 日，英国海军才撤出了 338000 人。

然而，这次成功的撤退对盟军来说只是一个微不足道的安慰，他们无助地看着荷兰屈服（5 月 15 日）、比利时投降（5 月 28 日）和意大利对法国与英国（6 月 10 日）宣战。最后，他们目睹了德国军队在巴黎（6 月 14 日被占领）香榭丽舍大街上的游行。法国陷入混乱，失败主义盛行，并于 6 月 22 日与德国签署了停战协定。这个国家被一分为二：3/5 的领土被德国占领，剩下的部分则变成了右翼维希政府统治的法兰西国家，它依附于柏林，由八十多岁的贝当元帅领导。对法国的压倒性胜利将德意志国防军统帅对希特勒军事计划的担忧一扫而空。希特勒兴高采烈地在车厢里讨论法国投降书的具体条款，而同样也是在这一节车厢里，战败的德国代表在 1918 年签署了停战协定。希特勒就坐在"不屈的元帅"斐迪南·福煦（Ferdi-nand Foch）1918 年坐过的椅子上。

只有英国没有被德国打败。丘吉尔于 5 月 10 日接替张伯伦担任政府首脑，在首相就职演讲中，他只能向其同胞保证"热血、辛劳、眼泪和汗水"，这也确实是他们在接下来的几个月中所经历的。希特勒企图通过海上入侵英国，但要想这样他就必须保证空中的安全，以确保其军舰免受英国舰队的攻击，毕竟英国的舰队比德国的舰队要强大得多。由德意志帝国元帅赫尔曼·戈林（Hermann Göring）指挥的德国空军对英国发起猛烈的轰炸。英国空军（RAF）凭借"喷火"（Spitfire）和"飓风"（Hurricane）战斗机的优越性、雷达的使用，以及敌方密码的破解——英国通过研究德国人用以加密信息的恩尼格玛密码机成功做到了这一点——而成功阻止了这一行动。德国的这次袭击并没有破坏英国的基础设施，也没有打击人民的士气。9 月 17 日，希特勒放弃入侵英国，考虑对苏联发起紧急进攻。十天后，他与意大利和日本签署了一项战时互助条约：这个三方条约使柏林—罗马—东京轴心正式形成。

此后，战争形势随着墨索里尼的行动而发生了变化，墨索里尼想模仿取得成功的希特勒，建立他梦寐以求的地中海帝国。9 月，墨索里尼命令他在利比亚的部队进攻英属埃及，并于 10 月命令其在阿尔巴尼亚的部队入侵希腊。这两场战役彻底失败了，德国人不得不去帮助他们无能的盟友，就像他们在"一战"中不得不去支援奥匈帝国一样。

从 1941 年 3 月开始，埃尔温·隆美尔（Erwin Rommel）元帅在非洲率领著名的远征军"非洲军团"（Afrikakorps）对英国军队进行了猛烈的进攻，迫使英国人撤退到埃及。至于德国在巴尔干半岛的扩张，希特勒则成功地促使匈牙利、罗马尼亚、斯洛伐克和保加利亚加入了德意日的三方条约。随后，他于 1941 年 4 月 6 日袭击了受英国军事支持的南斯拉夫和希腊。"闪电战"再次施展了自己的威力：南斯拉夫仅在 11 天后就宣布投降，希腊也只坚持了 21 天。英国在这片大陆上失去了所有的盟友。但两个月后一切都将改变。

苏联战场

1941 年 6 月 22 日凌晨三点，希特勒的军队通过"巴巴罗萨行动"（l'Opération Barberousse）袭击了苏联。这是历史上规模最庞大的一次入侵行动：300 万士兵（德国人、芬兰人、匈牙利人、意大利人、罗马尼亚人）、60 万辆机动车辆、625000 匹马、3600 辆坦克、2500 架飞机和 7000 门大炮。这次进攻通常被认为是一次疯狂决定的结果。

据说这次进攻是受到以下因素的鼓舞：希特勒有反布尔什维克主义的狂热，他坚信斯拉夫人是下等人（纳粹在宣传中使用 Untermenschen——"劣种人"来形容他们），而且，他渴望征服"生存空间"，认为它对德意志人来说是至关重要的。事实确实如此，希特勒和其他纳粹统治者们将犹太人和布尔什维克主义者当作一类（即"犹太-布尔什维克主义"）；根据他们全球种族对抗的逻辑，他们将与苏联的战争视为一场灭绝战争。德国的军事领导者们对此表示深深的认同。但是，鉴于"闪电战"此前取得的成功，德国对苏联的入侵似乎并没有那么疯狂。德国中央集团军（Heeresgruppe Mitte）将莫斯科作为目标，立志必须在苏联征服相当于法国、比利时和荷兰面积总和的领土，德国军队曾用不到一个半月就征服了那三个国家。

最后的解决方案：从排斥到灭绝犹太人

　　1933 年，希特勒上台，对 58.5 万德国犹太人采取了排斥政策，迫使他们移居国外。1935 年，《纽伦堡法案》（*les Lois de Nuremberg*）剥夺了犹太人的德国国籍，并禁止他们与德意志人结婚和发生性关系。他们还被禁止学习和从事诸多职业。他们继而在 1938 年的"水晶之夜"遭到了极端的暴力袭击。

　　随着战争的进行，对犹太人的迫害达到了骇人听闻的程度。波兰被入侵，330 万犹太人（占该国人口的 10%）落入德意志第三帝国的魔爪，他们被驱逐到庞大的犹太人聚居区。但这只是一个暂时的解决方案，等待这些犹太人的是纳粹所谓的"犹太人最终解决方案"（Endlösungder Judenfrage）。1940 年，纳粹在战胜法国后，考虑将欧洲犹太人放逐到马达加斯加的法国殖民地，但由于英国对海洋的控制，这种选择无法实现。1941 年，随着德国对苏联的入侵，数以百万计的犹太人和斯拉夫人落入德意志第三帝国的控制之下，第三帝国随后实行种族灭绝政策，首先是通过"特别行动队"（Einsatzgruppen）进行大屠杀，然后用毒气杀害被关押在切尔姆诺、马伊达内克、奥斯维辛-比克瑙（大多数西欧犹太人被关押的地方）、贝尔热茨、特雷布林卡和索比堡灭绝营的人。被关押的人都被齐克隆 B（Zyklon B，旁边为插图）毒死，齐克隆 B 是一种被作为农药使用的氢氰酸，由大型化工企业法本公司（IG Farben）生产。

居

西班牙

□ 主要
✦ 特别
集中营
● 集中
◎ 灭绝

伦敦大轰炸

　　这场发生在英国的战役是英国皇家空军和德国空军（Luftwaffe）之间的决斗，于 1940 年 8 月 13 日开始，随后是 1940 年 9 月 7 日至 1941 年 5 月 21 日的针对伦敦实行的"大轰炸"（le Blitz）：这次轰炸造成 4 万多人死亡。图为伦敦圣保罗大教堂在 1940 年 12 月 29 日轰炸中的照片（第 178—179 页）。

　　此外，希特勒可以依靠这次完全出乎意料的进攻以取得惊人的效果。斯大林绝不会想到德国会攻击苏联。他无视丘吉尔（根据英国截获和破解的德国用恩尼格玛密码机加密的信息）给出的警告，以及驻扎在东京的著名苏联间谍理查德·索尔格（Richard Sorge）对他的提醒。此外，斯大林不想让希特勒感到不快：他祝贺德国战胜法国，从未中断过向德国工业供应战略性矿物，甚至在 6 月，他依旧拒绝调动红军，以免希特勒将此举视为挑衅。1941 年 6 月 22 日凌晨 4 时 45 分，斯大林被从睡梦中叫醒并被告知德

国入侵的消息，他震惊不已。直到 11 天后，他才在广播中对他的人民发表讲话，他将这场冲突描述为"爱国战争"。

苏联的防卫很快崩溃。由于大规模的失败，斯大林在 7 月宣布自己为国防委员会委员长，随后在 8 月担任武装部队最高首长。8 月 21 日，当德国人距苏联首都仅有 320 千米时，希特勒推迟了对莫斯科的进攻。他首先北上进军列宁格勒（苏维埃革命的摇篮），以及南部，也就是乌克兰、高加索地区（以剥夺苏联在这些地区的农业、工业和矿产资源）和在战略上至关重要的克里米亚。

奥斯维辛集中营

这里是约瑟夫·门格勒（Josef Mengele）医生进行残忍实验的实验室，他尤其喜欢在实验中使用双胞胎；另一位医生赫尔穆特·维特（Helmuth Vetter）则使用女性进行实验。法本公司为这些把人类当作小白鼠的实验提供化学产品，而正是它自己为这些人类试验品出资。例如，法本公司曾为维特一口气杀死的 150 个女囚犯每人支付了 170 帝国马克。

到 9 月底，列宁格勒被团团包围；乌克兰首都基辅沦陷；最终，克里米亚被占领——除塞瓦斯托波尔要塞外。军事上的胜利让希特勒的妄想再度膨胀：他正沿着乌拉尔河建造一堵由数百万德国农民和士兵组成的人墙，设想将德国边境向东，从波罗的海到克里米亚延伸 1000 千米。

10 月 2 日，希特勒恢复对苏联首都的攻势，但为时已晚。在从东京的联系人索尔格那里获悉日本不会进攻苏联后，斯大林将部队从西伯利亚调到了莫斯科前线。12 月 5 日，他向距离克里姆林宫 24 千米的德国人发起进攻，强大的反攻迫使德国军队从莫斯科撤退。

面对这次失败，希特勒在 12 月 19 日自任军队最高指挥，正如斯大林之前所做的那样。但这并没有阻止德军在随后的几周里，在某些位置撤退超过 300 千米。极端严酷的冬季气温低于-30°C，这为苏联人创造了有利条件。希特勒没有想过这场冲突竟会持续如此之久。他的部队没有足够的合适装备：士兵被严寒冻僵，机枪里的油甚至车辆的防冻液也被冻结。造成这种局势的部分原因是对巴尔干地区发动的战役，尽管它确保了南部侧翼对苏联的进攻，但却将德国对苏联的进攻推迟了六周。直到冬天来临，德意志国防军才到达苏联首都。

莫斯科人民坚持抵抗，但德意志第三帝国已占领了东欧的大部分地区：波罗的海三国、波兰、乌克兰、白俄罗斯。犹太人、吉卜赛人和斯拉夫人都是纳粹种族战争的受害者。在东欧，纳粹开始系统地奴役沦为奴隶的劳动力，并有计划地消灭犹太人——大屠杀。种族灭绝政策的目标并不明确，后来延伸到了纳粹军队统治的欧洲其他地区。

亚洲战场

当苏联的命运在狂风、暴雪和霜冻中摇摆不定时，战争局势即将在太平洋的暖冬中迎来改变。在亚洲，殖民大国之间的严峻形势造成了权力真空，日本迫不及待地去将其填补起来。美国成为日本在该地区的主要对手，二者之间的竞争也越来越激烈，而当时中国还只是充当背景。美国向与日本军队作战的中国国民党军队提供战争物资。1940 年 5 月，美国将太平洋舰队从加利福尼亚的圣地亚哥转移到珍珠港的夏威夷基地，当时日本海军统帅山本五十六（Isoroku Yamamoto），这位哈佛的校友和未来袭击这片美国飞地的炮制者，将这个基地形容为一把"直指日本咽喉的匕首"。另外，法国维希政权于 1940 年 9 月允许日本人在印度支那地区建立军事基地。这样一来，日本就可以加强束缚那些还未屈服的中国人，并为征服亚洲建造了完美的桥头堡。于是美国通过限制日本与法国贸易予以反击。

1940 年 9 月，日本与德国和意大利签署了三方条约，然后于 1941 年 7 月在印度支那建立了与法国维希政府（实际上是日本占领了该领土）共有的联合保护国。上述事件导致美国对日本实行石油、橡胶和铁——日本工业和其在中国部署军事装备的重要原料——禁运，冻结日本在美国的资金，向日本军舰封锁巴拿马运河，并加强美军在菲律宾的驻扎，菲律宾当时是与美国联盟的自由邦。根据日本外务省的加密信息，菲律宾群岛是一把"指向日本心脏的手枪"。这个"日出之国"认为美国想要扼杀其经济，因此其领导人将一切赌注都压在军事地图之上。他们预先在 4 月与苏联签署了中立条约，以确保自己无须在两条阵线上战斗。

1941 年 12 月 7 日，在黩武的海军统帅东条英机的领导下，日本对珍珠港

战斗到底：太平洋沿岸的惨烈战争

就日军对平民的残暴和交战方的激烈战斗而言，亚洲战场的惨烈程度丝毫不亚于欧洲战场。日本不可违抗的军人准则让战争变得异常激烈，"宁死也不要作为俘虏耻辱地苟活"，海军统帅东条英机（Hideki Tojo）在《战阵训》（*les Instructions pour le service militaire*）中说道。

这样的军人行为准则导致了日军的拼死抵抗：美军历时一个月征服了长达 7 千米的硫黄岛，6821 名海军死亡，19217 人受伤。在 21000 名抵御的日军中，美国人仅俘虏了 54 人（其中还有两人自杀）。在冲绳岛上，神风自杀飞机的驾驶员，神风队队员起到了至关重要的作用。平民也必须战斗到最后：他们形成了国民爱国战斗队，但除了竹矛和炸药外，没有其他武器，于是他们将炸药绑在身上引爆去攻击坦克。与日军这种自我牺牲的倾向紧密相连的是他们对敌人彻底的蔑视。这种态度源自日本士兵们在新兵时经历的去人性化训练，他们的上级在训练期间残酷地对待他们，希望士兵们以后将怒气发泄到敌人身上。这也解释了日军 1937 年在南京犯下的暴行和对战俘的不人道待遇。一名在缅甸的美国上尉说，日本人"已经放弃了被视为人类的权利，于是我们开始将它们看作需要灭绝的蠕虫"。

插图 日本知览的神风队队员雕像。

的太平洋舰队进行了空袭。因此，日本政府企图以此让美国在相当长的一段时间内丧失战斗能力，以占领一些拥有重要资源的国家（马来西亚和菲律宾的铁、荷属东印度群岛的石油……），并在面对这个强大的对手时赢得决定性的军事优势。在同一天，日本对美国和英国宣战，次日，英美对日本宣战。11日，德国、意大利和轴心卫星国也对美国宣战。

时至今日，希特勒急于与美国对抗的原因仍不得而知。诚然，罗斯福领导下的

美国似乎朝着直接卷入欧洲冲突的方向前行。1941 年 3 月开始，美国《租借法案》（la Loi du Prêt-bail）允许其船队在美国军舰的保护下向英国运送军事和工业设备。1941 年 8 月，在纽芬兰水域举行的一次会晤上，丘吉尔和罗斯福发表了《大西洋宪章》（la Charte de l'Atlantique），该文件的第六条表明了他们的想法："在纳粹暴政被最终消灭之后……建立和平，使所有国家能够在它们境内安然自存，并保障所有地方的所有人在免于恐惧和不虞匮乏的自由中，安度他们的一生……"希特勒可能以为，既然美国早晚都要不可避免地参与战争，那么日本的行动则会使美国

日本偷袭珍珠港

1941 年 12 月 7 日，美国失去了亚利桑那号（Arizona）和俄克拉荷马号（Oklahoma）战列舰；其他受损的战舰还可以修复或下海。在日军空袭时，航空母舰不在基地内。除物质损失外，这次袭击还使美国人感到不安：这是美国参战的导火索。

插图　在珍珠港袭击中被击中的西弗吉尼亚（West Virginia）和田纳西（Tennessee）战列舰。

与欧洲多少保持一些距离。就这样，两场在地球上引发巨大破坏的大战最终融合为一场。

夏季风带来的暴雨将使军事行动变得复杂，因此在夏季风到来之前，日军借助航空母舰实行了德军曾使用过的"闪电战"。在五个月的时间里，日军通过一系列大胆的进攻征服了中国香港地区、马来西亚、新加坡、印度尼西亚、所罗门群岛和菲律宾；他们还入侵了新几内亚，轰炸了澳大利亚的达尔文市，并占领了缅甸，从而威胁到印度。日本人的大炮定义了他们口中的"大东亚共同繁荣圈"的边界，一个所谓的亚洲各国人民和谐合作的项目。日本人掩饰着他们对霸权的渴望。这为他们赢得了反对西方殖民主义的右翼民族主义者的合作机会：菲律宾的何塞·帕西亚诺·劳雷尔（José Paciano Laurel）、印度尼西亚的艾哈迈德·苏加诺（Achmed Sukarno）、缅甸的巴莫（Ba Maw）和印度的苏巴什·钱德拉·玻色（Subash Chandra Bose）。在这种背景下，日本诗人高村光太郎（Kotaro Takamura）在日军袭击珍珠港后写下这些诗句就不足为奇了："今天，世界历史重新开始。今天，西方对亚洲陆地和海洋上的枷锁，脱落。"

1942 年：决定性的一年

1942 年上半年，轴心国军队似乎即将完全控制欧亚大陆。如果德意志第三帝国的军队最终击败苏联的抵抗力量，并成功地突破英国在埃及的防御，它们就可以统治中东，而日本当时则直接威胁着印度和澳大利亚这两个巨大的海军航空基地。三方同盟的进攻势头达到顶峰。针锋相对的是由罗斯福总统创建的由 26 个国家组成的"联合国"组织。在关键的几个月里，这些国家齐心协力，集中抵抗轴心国规模巨大的进攻。

在非洲北部，隆美尔于 6 月占领了利比亚的战略港口图卜鲁格。次月，第一次阿拉曼战役在最后关头阻止了他的进军，此时他距离亚历山大港仅有 100 多千米。在欧洲大陆，盟军面对的局势再度恶化。希特勒在夏季发动进攻，以夺取乌克兰的粮田和高加索的油田。7 月，克里米亚首都塞瓦斯托波尔沦陷。8 月底，德国第六集团军开始对苏联的大型工业中心斯大林格勒（现在的伏尔加格勒）进行围攻，斯大林格勒沿伏尔加河西岸延伸 50 千米，是至关重要的交通枢纽。德军的虎钳在斯大林格勒逐渐收紧，被折磨的列宁格勒的人民和士兵很想知道，在忍受了一年的恶劣包围之后他们还能坚持多久。承担了欧洲战场所有火力的苏联要求开放第二条欧洲战线，但此时的美国和英国正集中火力攻击德国，它们并没有能力执行这样的作战计划。

实际上，英美对德意志帝国的进攻主要依靠来自英国的猛烈空袭，这对德国平民而言后果是可怕的，而对摧毁德国的基础设施来说效果并不显著。与此同时，盟军在大西洋作战，以阻止德国的潜艇袭击，并让美国更容易向英国运送部队和装备。到年底时，局势开始逆转。

在太平洋地区，由道格拉斯·麦克阿瑟（Douglas MacArthur）将军和切斯特·威廉·尼米兹（Chester W. Nimitz）海军上将率领的美军在 5 月赢得了珊瑚海战役，阻止了日军占领新几内亚莫尔兹比港的盟军基地。因此，美军阻止了日本对莫尔兹比港所在半岛的完全占领，澳大利亚曾以这里为起点发动过一次进攻。这是战争史上第一场海空战，航空母舰担任了空军基地的角色。6 月，日军试图占领中途岛及其机场，这场对抗以日军的失败而告终，并使他们损失了四艘航母。

上述事件阻碍了日本向夏威夷进军，标志着日本太平洋霸权时代的退潮。8 月，美国占领了所罗门群岛中的瓜达尔卡纳尔岛，这里是日本入侵澳大利亚的一块跳板；这场战役一直持续到 1943 年 2 月。太平洋地区的力量对比已被逆转。

美国从此时起进入进攻阶段，准备逐岛作战。早在瓜达尔卡纳尔岛作战时，美国人就发现他们必须使用极端残酷的壕堑战（上一场世界大战的典型作战方式），只有这样才能对付那些随时准备为自己的天皇和荣誉而死的敌人。

在美国与日本瓜达尔卡纳尔岛激战之际，盟军在非洲赢得了重大胜利。1942年 10 月至 11 月 11 日，伯纳德·劳·蒙哥马利（Bernard L. Mont-gomery）将军带领的英国军队赢得了与隆美尔的第二次阿拉曼战役。埃及的威胁消失。此外，英国一直控制着被轰炸过的直布罗陀和马耳他——两个海军航空基地，它们在征服北非的战争中发挥了关键作用。北非征服战役以 11 月 8 日美国将军德怀特·戴

说"不"的男人

当夏尔·戴高乐（Charles de Gaulle）在 1940 年 6 月 18 日发表他著名的抵抗号召时，他还是一位名不见经传的准将。戴高乐反对贝当元帅要求的停战，他将成为抵抗纳粹占领的象征人物。

但"抵抗运动"的开始却非常困难：只有少数志愿者响应他的号召。但这并没有阻止他在 1940 年夏天建立起自由法国军队（FFL），这是一支与盟军并肩作战的队伍：其最重要的战事之一是 1942 年 5 月至 6 月的比尔哈基姆之战。1942 年至 1943 年，戴高乐通过建立全国抵抗运动委员会（CNR）成功统一了法国内部和外部的抵抗力量。面对美国人的不信任——罗斯福只看到他是一个独裁者的学徒，戴高乐自愿不参与诺曼底登陆的准备工作。尽管如此，他还是在 1944 年 6 月初流亡期间成立了法兰西共和国临时政府（GPRF），并使其作为合法的权威政府被盟军接受。正是因为他的行动，被解放的法国才没有被置于美国的监护之下，这个国家才能够在战后与战胜国一样平起平坐。

插图　1941 年 10 月 30 日，戴高乐将军在英国广播公司（BBC）上发表演讲。

维·艾森豪威尔（Dwight D. Eisenhower）率领的英美部队登陆开始，该部队入侵了当时由维希政府统治的阿尔及利亚和摩洛哥。希特勒则占领了维希政府领导的法国并予以反击，以保护他在欧洲南部的侧翼。但是，德军未能夺取停泊在土伦港内的法国舰队的控制权，因为它选择了自行沉没。

法兰西民族解放委员会（Le Comité français de libération nationale）在阿尔及尔成立，最终仅由戴高乐将军一人领导。从戴高乐流亡伦敦以来，他就一直呼吁法国人民抵抗纳粹的入侵。德军在北非被登陆的英美部队和从埃及赶去的英军夹击，最终于 1943 年 5 月在突尼斯被击败。此时，盟军控制了北非。

瓜达尔卡纳尔岛上的美军

经过 6 个月与敌人在陆地上的激烈战斗，这座太平洋上的岛屿终于被美军征服。日军当时靠着吃草根和野草进行抵抗，有时，他们发动进攻只是为了夺取食物。

斯大林格勒决战

1942 年 8 月，以弗里德里希·保卢斯（Friedrich Paulus）为首的德国第六集团军到达斯大林格勒。如果它跨过伏尔加河，苏联将被一分为二，而且美国经伊朗运送的物资也会受到威胁。这场战役成了希特勒和斯大林之间的决斗。斯大林下令："一步都不准后退！"并补充说："凡惊慌失措者和胆小者一律当场处决。"希特勒则下令在占领城市后处决所有男性居民。

插图 上图是斯大林格勒的苏联士兵；右图是 1942 年的海报，《斯大林格勒之门》。

挨门逐户的战争

在德国人的轰炸之后，这座城市被夷为一片巨大的废墟，德军的装甲车无法在此行进。斯大林格勒战役随之成为挨家逐户的巷战（"鼠战"），这是苏联第62集团军领导人瓦西里·丘伊科夫将军所采用的战术。他的目标是拖住和消耗德军，而没有考虑苏军可能遭受的损失。"时间就是鲜血。"他后来说道。1300多名苏军因怯懦或逃跑而被枪决。丘伊科夫成功抵抗到了冬天。1942年11月，苏联发起反攻（"天王星行动"），包围了保卢斯的部队，

1 **马马耶夫岗丘陵** 这个102米高的古坟俯视整个城市；这里是德军9月的进攻目标。

2 **左岸** 苏联炮兵营所在位置。它接受的命令是从斯大林格勒的废墟上发出的。

3 **工厂** 该市的大型工业园区是保卢斯10月的攻击目标，但进攻失败了。

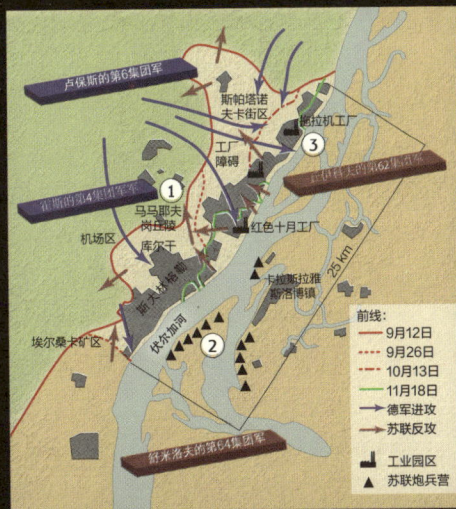

意大利社会共和国与墨索里尼的处决

1943 年 9 月 12 日，德国人解救了自 7 月被罢免后就被监禁的墨索里尼。6 天后，墨索里尼在慕尼黑做出了惩罚国王及其合作者的决定："只有鲜血可以抹去我们国家历史上如此可耻的一页。"他开始向"寄生虫式的富豪寡头政治"算账。

这个激进的、民粹主义的和社会主义倾向的言论，既让人想起早期的法西斯主义，也表明了意大利社会共和国（RSI）的典型特征。意大利社会共和国在德国控制的领土上成立，首都定在萨洛，此举得到德国的支持，同样也承受着它施加的压力。墨索里尼担心自己落入盟军之手，正如他自己所说，盟军会把他关在伦敦塔内或将他流放到一个遥远的岛屿上（像拿破仑那样）。这就是为什么——当然也是因为他之前与希特勒的关系——他同意领导这个采取暴力反犹太政策的法西斯主义国家，对德国人来说这个国家的存在只是控制意大利的一种手段。墨索里尼对法西斯大委员会（Grand Conseil fasciste）的 19 位高级委员进行报复的时刻到了，他们曾解除墨索里尼的权力并将其权力交给了国王。1944 年 1 月，他们在维罗纳接受审判，除一名成员外，其他所有人均被判处死刑，当时由意大利社会共和国控制的五位成员都被处决。其中包括墨索里尼的女婿加莱佐·齐亚诺（Galeazzo Ciano），德国人将其视为叛变的象征，使他们丧失了对意大利的控制权。离开德国的支持，萨洛共和国是无法生存的：1945 年 4 月，它被反法西斯主义支持者攻击并倒台。4 月 27 日，墨索里尼在跟随一个德国车队逃跑的途中被拦截：被认出并逮捕，第二天与他的情妇克拉拉·佩塔奇（Clara Petacci）一起死在枪口下。

　　插图　墨索里尼和他的情妇，以及萨洛共和国同伙们的尸体被吊在米兰洛雷托广场一个加油站的顶棚上。

1943 年：轴心国的衰落

1943 年，苏联得以喘息，最重要的是，它赢得了决定战争进程的关键性胜利。斯大林下令这座以他的名字命名的城市抵抗到底。1942 年 9 月，保卢斯领导的第六集团军入侵斯大林格勒，但因为德军无法跨过伏尔加河，所以未能完全占领这座城市。11 月，苏联反击并包围了德军。尽管希特勒下达了继续战斗的命令，但这场战斗还是以德军巨大的失败而告终：在希特勒禁止其部队撤退之后，保卢斯于 1943 年 1 月投降。斯大林对所取得的胜利感到非常满意，并晋升为军队最高统帅。

斯大林格勒战役的代价是巨大的。苏军的伤亡人数为 110 万人，其中有将近 50 万人死亡（在整个"二战"中，美国损失了约 40 万人），在这场战斗中丧生的平民更是有 50 万人或者更多。按照美国《租借法案》，苏联红军依靠美国提供的帮助开始准备发动进攻：通过北极和波斯湾航线，苏联获得了卡车、飞机、装甲车、燃料和各种其他的军用武器和设备；它收到的装备清单里包含 14800 架飞机和 1550 万双靴子。

随着斯大林格勒战役临近尾声，罗斯福、丘吉尔和戴高乐于 1943 年 1 月在卡萨布兰卡会面。他们宣布了其主要军事目标：德国、意大利和日本无条件投降。因此，与第一次世界大战不同，第二次世界大战将是一场殊死之战。由于很难在法国开辟第二条战线，因此盟军决定在轴心国的软肋，即地中海地区发起另一次进攻。7 月 10 日，盟军开始进攻西西里岛；他们得到了黑手党的帮助，并最终在 8 月占领了该岛。

盟军的前进使墨索里尼迅速在 7 月 25 日垮台：法西斯大委员会的大多数成员希望与德国决裂——它已没有胜利的希望——并决定将权力转交给国王。维克托·伊曼纽尔三世（Victor Emmanuel Ⅲ）下令逮捕"领袖"，并成立以佩特罗·巴多格利奥（Pietro Badoglio）元帅为首的新政府。当德意志国防军控制了阿尔卑斯山口和奥斯蒂亚港口时，巴多格利奥决定解散国家法西斯党并进行和平谈判。9 月 3 日，盟军在意大利半岛的塔兰托登陆，巴多格利奥签署了停战协定。作为回击，德国占领了罗马，实际上是占领了除最南端外的整个国家。因为巴多格利奥向德国宣战，一些意大利反法西斯抵抗者和士兵与盟军在最南部并肩作战。在此期间，一个德国突击队在 9 月把被监禁在意大利格兰萨索滑雪场的墨索里尼解救了出来。曾经的领袖建立了意大利社会共和国，并将其首都定在位于加尔达湖畔的萨洛。这是一个激进的、残暴的法西斯国家，完全服从于德国。因为德国人的顽强抵抗，盟军在意大利领土上行军缓慢。意大利战线其实处于次要地位：盟军的大部分资源都被用于从英吉利海峡反攻欧洲的计划。1944 年 6 月，罗马被盟军收复；但直到同年秋天，德军仍然控制着波河以南的领土。

德国不仅在意大利接连失守，在东欧同样节节败退。在乌克兰，苏联的进军在 1943 年 7 月达到最大规模——获得了历史上最大的坦克会战的胜利，库尔斯克战役：德军 90 万人参与，配备了 2700 辆坦克（包括最新的黑豹坦克和庞大的虎王坦克）、2100 架飞机；苏联 130 万人参与，装备有 3400 辆坦克、2900 架飞机。11 月初，苏联收复了乌克兰首都基辅。到 1943 年年底，德军在东欧的兵力损失超过 300 万人，超过了德国在 1941 年攻击苏联时的士兵总数。东线的德意志国防军此时只有 200 万人，而苏联红军拥有 600 万人，几乎所有的苏联人都被动员起来对抗德国人。

在北欧，列宁格勒在被德军包围了 880 天后，在 1944 年 1 月 27 日获得解放；希特勒的固执使德国人失败的局势进一步恶化，他再次拒绝下令撤军。6 月，苏联乘胜追击，对德国的盟友芬兰发起了强大的进攻。9 月，芬兰与苏联签署了和平协议。在德国军队撤离过程中暴行肆虐，就像他们从意大利撤退时的场景一样。随着德军撤离芬兰，苏联人将皮查摩（现称为佩琴加）镍矿收回，德国失去了关键性的控制权。

1944 年 8 月，苏联人到达华沙城区。他们眼睁睁地看着一场反德国起义发生。它持续了两个月，导致两万多名起义分子和 20 万平民丧生；希特勒下令将华沙夷为平地。苏联人没有帮助起义者这一事实，今天仍让历史学家困惑不已。是因为他们担心德国人反攻吗？还是因为这场波兰家乡军的起义得到英国的支持，目的是在苏联红军到达和控制波兰之前解放华沙？

1944—1945 年：希特勒的终结

　　1944 年夏天，除了在意大利和东欧的失败之外，希特勒还遇到了一个新问题。1944 年 6 月 6 日黎明时分，"霸王行动"开始，盟军在诺曼底登陆。这次登陆之所以成功，很大一部分原因是因为盟军成功地使德国人相信他们将在北部的加莱实行这次行动。大量的兵力（第一天为 13 万人，月底为 80 万人）和装备（包括在水下铺设的输油管，为登陆车辆供应燃料）使盟军胜券在握。8 月 25 日，巴黎解放。巴黎人民的暴动促使希特勒下令摧毁这座城市，但巴黎的卫戍司令狄特里希·冯·肖尔蒂茨（Dietrich von Choltitz）却并没有服从命令。在德国节节败退的背景下，普鲁士军队中

卡萨布兰卡会议

　　1943 年 1 月 14 日至 24 日，会议在法国的保护国境内的卡萨布兰卡举行，与会的有亨利·吉罗（Henri Giraud）将军、戴高乐将军、美国总统罗斯福和英国首相温斯顿·丘吉尔。吉罗和戴高乐在会议中竞争解放后的法国的领导权，虽然当时法国的领土仅限于北非。会议结束后，盟军宣布其主要军事目标是"德国、意大利和日本无条件投降"。

195

霸王行动：盟军登陆诺曼底

诺曼底登陆是历史上最大的一次海上登陆作战：超过 5000 艘船和 8000 架飞机参加了行动的第一阶段。登陆行动在 1944 年 6 月 5 日晚上至 6 日开始，由于当时天气恶劣，德军并没有预料到盟军会采取海上行动。黎明时分，盟军在科唐坦半岛的五个海滩登陆：犹他海滩、奥马哈海滩、黄金海滩、朱诺海滩和宝剑海滩。

此前，空军轰炸了该地区的铁路、桥梁和公路——这场行动导致了 1.5 万法国平民丧生——以阻止德国增援部队的到来，除此之外，盟军还命令数千名伞兵降落到德军阵地中。在奥马哈海滩，空军和海军并未对德军的防御进行轰炸：那里发生的大屠杀让美国的奥马尔·布拉德雷（Omar Bradley）将军放弃了该海滩，犹他海滩也是一样的情况，法国军队在那里战斗。英国军队在黄金海滩和宝剑海滩登陆作战，加拿大军队则在朱诺海滩登陆作战。接下来的几天，德军顽强地抵抗着盟军的进攻。守卫卡昂的装甲师——党卫军"希特勒青年团"的军官们告诉士兵，那些没有受伤就投降的人将被视为叛徒，如果活着被俘虏，他们必须拒绝接受敌人给他们输血，并为元首而死。他们处决了敌方战俘，另一个营地的部队为回应他们也做出了相同的举动。但最终平民才是诺曼底战役的主要受害者，他们承受了两个敌对阵营对抗的后果。当盟军在 7 月 20 日占领卡昂时，这座城市的 70% 已毁于英军的轰炸。

插图 今天的和 1944 年 6 月的奥马哈海滩。

的精锐于 7 月 20 日在希特勒的总部"狼寨"（Wolfsschanze）对其发动了袭击，他们认为这样可以阻止德国对普鲁士进行军事占领。希特勒对参与其中的人进行了可怕的报复。

在西部，盟军于 8 月在法国地中海沿岸登陆，与诺曼底登陆的部队会合。同时，法国、意大利和比利时的抵抗运动者们不再藏于地下，他们开始对德国人及其合作者发起攻击。在东部，随着苏联红军的前进，德国的盟友在巴尔干半岛逐渐失势。

　　8月，罗马尼亚的一场政变使国家倒戈到盟军阵营；次月，保加利亚亦是如此。10月，海军上将霍尔蒂（Horthy）未能成功策反匈牙利，于是德国人建立了由法西斯分子萨拉希·费伦茨（SzálasiFerenc）领导的傀儡国。同样是在10月，贝尔格莱德政府倒台，希腊建立了亲同盟国政府。德国在欧洲东南部的军事力量即将崩溃，但在西欧的德意志国防军成功发动了最后的进攻。12月，德军在阿登地区的突然反攻拖延了盟军的前进步伐：近40万士兵和1300辆装甲车向默兹河进军，但他们未能像1940年那样击溃敌军。

雅尔塔会议和战后的欧洲

在斯大林的坚持下，这次会议是在黑海沿岸国家克里米亚的首府雅尔塔举行的。斯大林害怕乘坐飞机，因此乘火车去与丘吉尔和罗斯福会晤。会议于 1945 年 2 月 4 日至 11 日举行。

代表团在曾属于俄国贵族的夏宫和沙皇的利瓦迪亚宫落榻，会议则在利瓦迪亚宫的宴会厅举行。与会者一致同意在雅尔塔重新规划战后欧洲的边界，即苏联和英美对战后的欧洲进行瓜分。实际上，军事形势决定了欧洲的未来：苏联红军占领了波兰、巴尔干和一半的匈牙利，而英美两国则占领了法国、意大利和希腊。通过各处安插的间谍提供的信息，苏联已知晓丘吉尔和罗斯福的立场，丘吉尔认为保证波兰脱离苏联的控制，实现独立是当务之急，而罗斯福则想让苏联与日本开战，并让斯大林支持他创建联合国的提议，但不得不迁就于斯大林对波兰前途作出的模糊保证。

插图 雅尔塔会议"三巨头"。

1945 年 2 月 4 日至 11 日，苏联占领华沙，并在距离柏林不到 70 千米的范围内建立桥头堡；罗斯福、丘吉尔和斯大林在克里米亚的雅尔塔会面。他们决定将德国划分为不同的占领区，并将奥地利从德国分离。关于波兰和东欧其他国家和地区（包括苏联红军占领范围不断扩大的巴尔干半岛）的政治未来，斯大林只提供了模棱两可的保证。苏联占领了布达佩斯（2 月）和维也纳（4 月），北美部队在艾森豪威尔（Eisen Hower）的指挥下于 3 月 7 日占领了雷马根大桥。这是自拿破仑时代以来，交战的军队第一次跨过莱茵河。美国和英国的进攻伴随着可怕的轰炸，2 月 13 日至 15 日，德累斯顿有 2.27 万人丧生。在战争的最后四个半月中，47.1 万吨炸

盟军对德累斯顿进行轰炸

1945 年 2 月 13 日至 15 日，盟军对这座德国城市进行了大肆的轰炸，以造成大量人口逃离，从而阻碍德意志国防军的行动。2 月 13 日晚上，英国发动了轰炸，第二天，美军的"空中堡垒"轰炸机到达时，德累斯顿上空的浓烟高达近 5000 米。2.27 万平民在这次轰炸中丧生。

插图 从市政厅塔楼上望去，城市已成废墟。

弹投向德国，是 1943 年全年的两倍；仅在 1945 年 3 月一个月中，盟军投下的炸弹数量就是 1942 年的 3 倍。

在关键时刻，希特勒仍用他对社会达尔文主义一贯的理解来解释这场战争。1945 年 2 月，为纪念纳粹党（NSDAP，全称为德国国家社会主义工人党）在慕尼黑的第一次大会举行 25 周年，纳粹的区长们聚集在一起，希特勒在对他们的讲话中说，如果德国输掉了战争，那将证明人民没有拥有他所赋予他们的"内在价值"，证明他们对自己没有最基本的怜悯之心。他通过建立"人民冲锋队"（Volkssturm）的方式来让人民殉葬。"人民冲锋队"是一个由纳粹控制的民兵部队，所有未参军的 16 岁至 60 岁的男人都须参与其中。后来，他甚至开始征募 15 岁的孩子。3 月，希特勒下令摧毁德意志帝国内一切可能对敌军有价值的东西（工业、运输工具、通信线路等），这也再次表明了他对德国人民的轻视。阿尔伯特·施佩尔（Albert Speer），当时的军备部长，最终没有执行这个命令。

4 月 16 日，在格奥尔基·朱可夫（Gueorgui K. Joukov）元帅和伊万·科涅夫（Ivan S. Koniev）元帅的率领下，250 万苏联士兵向柏林发起了进攻。25 日，苏军和美军在德国首都以南 160 千米的易北河畔的托尔高附近会合，将德国剩下的领土一分为二。西部阵线和东线阵线自此相连，进而包围了德国的心脏。希特勒在柏林下令调动根本就不存在的军队，此时他还心存幻想，想通过秘密武器获得胜利。希特勒曾承诺过的"千年帝国"现在只剩下总理用来躲藏的避难所，希特勒直到他 56 岁的生日，即 4 月 20 日过后才从避难所离开。29 日，希特勒与爱娃·勃劳恩（Eva Braun）结婚。他在此前几个小时就得知了墨索里尼的悲惨结局，于是在和他的伴侣自杀前就安排好了两人的后事。二人于 4 月 30 日自杀身亡。"真是太可惜了，我们没能在他活着时抓住他"，当朱可夫将斯大林叫醒告知他德国元首的死讯时，他如此感叹。

柏林的指挥官于 5 月 2 日投降。这座城市被掠夺，人民被残酷地折磨：约有 12.5 万柏林人在战争中死亡，10 万名以上妇女被强奸。希特勒任命的接替者，海军上将卡尔·邓尼茨（Karl Dönitz）决定投降。5 月 7 日，阿尔弗雷德·约德尔（Alfred Jodl）将军在兰斯，在艾森豪威尔的见证下签署了投降条约。9 日，午夜过后片刻，威廉·凯特尔（Wilhelm Keitel）元帅在卡尔霍斯特的苏军指挥总部，在苏联、美国、英国和法国代表的见证下签署了投降书。

虽然欧洲战场的战争已经结束，但亚洲的战争仍在继续。1944 年 10 月，美国在莱特湾战役中重创了日本舰队，这是历史上最大的海战。这场战役使美军在 1945 年向日本进军，在硫黄岛（2 月至 3 月）和冲绳岛（4 月至 6 月）与日军进行了激烈的战斗。距离日本海岸 550 千米的冲绳岛，见证了一场残酷的战争，在这场战争中，日本采取了一种几乎是基于战斗人员自杀的战术，来补偿他们在陆地、空中人员和装备方面的不足。"神风特攻队"在空中执行了 1900 次任务。在征服的岛屿和航空母舰上，美军发起了对日本城市的可怕轰炸：在短短两天内，即 3 月 9 日至 10 日，东京有 12 万人丧生。最致命的是美国分别于 8 月 6 日和 9 日向广岛和长崎投放了两枚原子弹。这两个日期中间，即 8 月 8 日，苏联对日本宣战并进军中国东北。日本求和，并最终在 9 月 2 日签署投降书。

紧张局势中的和平

战争席卷了三大洲（欧洲、亚洲和大洋洲），前线与后方之间已无任何差异，这使得第二次世界大战成为一场真正的"总体战"，对平民而言尤为悲惨：1914 年至 1918 年，平民只占受害者的 5%，而 1939 年至 1945 年，这一比例为 66%。"二战"在全世界造成的死亡人数无法确定：总数达到几千万，可能是 3800 万，也可能是 6000 万。在旧大陆，法国和英国的伤亡人数少于它们在第一次世界大战期间的伤亡人数（"二战"中大约有 60 万法国人和 40 万英国人丧生），而德国的死亡人数却超过 600 万。但是，这些可怕的数字远低于这场毁灭战争在东方造成的伤亡数量。大约有 2500 万到 2700 万苏联人丧生，其中包括 500 万到 800 万乌克兰人。波兰有超过 600 万人死亡（这些受害者中约有一半是犹太人）。流亡者人数众多：从 1939 年到 1948 年，由于驱逐、暴力和边界重新划分，有 4000 万到 5000 万欧洲人不得不背井离乡，去往比利牛斯山、乌拉尔及河，甚至是更远的地方，其中有 1500 万是从东欧被驱逐的德意志人。德国没有签署和平条约，它被分割成由苏联、美国、英国和法国占领的不同地区。沿奥得河和奈塞河建

投放到长崎的原子弹

1945 年 8 月 6 日，广岛的原子弹炸死了约 10 万人，三天后长崎的炸弹炸死了约 3.5 万人。原子弹的辐射也使成千上万人受害（第 202 页）。

立的波兰边界让德国失去了 24% 的领土。

欧洲被完全摧毁，城市被夷为平地，工业和交通基础设施遭到破坏，人们饥肠辘辘，不知所措。在废墟之上，以战争的两个胜利者：美国和苏联为主导的新秩序建立起来。德国和日本被歼灭，法国和英国衰落。从此，两大政治和经济制度阵营的对立局面形成，一方是资本主义；另一方是共产主义。但是，这两大强国并没有发生军事冲突，这与希特勒预料的局面相反，他曾希望自己的政权能够在反共阵营中继续生存下去。两大巨头进入"冷战"：紧张局势在整个世界蔓延，欧洲在战后立刻被划分成两个势力范围，这也证明了世界局势的紧张。1946年，丘吉尔创造了"铁幕"（Iron Curtain）一词，以此代指旧大陆的分裂。

在军事方面，1941 年战争的巨大创伤和一系列出人预料的举动为"冷战"提供了前车之鉴——德国入侵苏联，日本偷袭珍珠港，苏联和美国的敌人想借此击垮他们的防御。这种情况不会再次上演："美国人"和"俄国人"将在接下来的 50 年里为自己配备强大的核武器库，以在敌人进攻时歼灭对方。1991 年，苏联解体，"冷战"就此结束。

从雅尔塔会议后的欧洲到柏林墙

1947年

在巴黎会议中（9月） 有 16 个欧洲国家接受了美国的"马歇尔计划"。

1948年

比荷卢三国关税同盟成立（1月）

1949年

北约诞生（4月） 德意志联邦共和国（5月）和德意志民主共和国（10月）宣告成立。

1951年

欧洲煤钢共同体成立（4月） 美国、英国和法国从德国撤军（9月）。

1953—1956年

斯大林去世（1953年3月） 华沙条约组织成立（1955年5月）。

1961年

德意志民主共和国修建柏林墙（8月） 柏林墙在1989年被拆除，德国于1990年统一。

CRISIS

附　录

插图（第204页） 一本关于经济危机和《凡尔赛条约》规定的德国赔偿的书的封面，汉堡，1931年。

比较年表

欧洲

1900—1913	1914—1918	1919—1928
• 法国和英国签署《友好协议》 • 日俄战争，俄国战败。俄国革命 • 《英俄协议》 • 巴尔干战争 **文化事件：** • 西格蒙德·弗洛伊德：《梦的解析》 • 阿尔伯特·爱因斯坦：狭义相对论 **巴勃罗·毕加索：阿维尼翁的少女**	• 第一次世界大战开始，马恩河战役 • 德国和保加利亚占领塞尔维亚 • 凡尔登战役和索姆河战役。布鲁西洛夫突破。都柏林复活节起义 • 沙皇退位，布尔什维克夺取政权，俄国内战 • 德国成立魏玛共和国，并签署停战协定 **文化事件：** • 阿尔伯特·爱因斯坦：广义相对论 • 特里斯坦·查拉：《达达主义宣言》	• 《凡尔赛条约》 • 第三世界国际基金会 • 苏俄：新经济政策开始 • 墨索里尼上台 • 德国的恶性通货膨胀。阿道夫·希特勒在慕尼黑政变失败 **文化事件：** • 瓦尔特·格罗皮乌斯创立"包豪斯" • 安德烈·布雷顿：《超现实主义宣言》

美洲

1900—1913	1914—1918	1919—1928
• 美国支持巴拿马独立 • 普拉特修正案：美国保留干涉古巴的权利 • 马德罗反对迪亚兹的起义；墨西哥革命开始 • 福特引入流水装配生产线 **文化事件：** • 厄普顿·辛克莱：《丛林》 • 海勒姆·宾厄姆发现印加帝国古城马丘比丘 • 埃德加·赖斯·巴勒斯：《人猿泰山》	• 巴拿马运河开通 • 美国占领海地 • 美国军队占领多米尼加共和国 • 美国对德国宣战 • 美国总统伍德罗·威尔逊提出了14点方案 **文化事件：** • 大卫·格里菲斯：电影《一个国家的诞生》	• 美国拒绝批准《凡尔赛条约》。奥伯瑞冈任墨西哥总统，墨西哥革命结束 • 《华盛顿条约》：美国、日本、英国、法国和意大利同意削减海军军备 • 美国占领尼加拉瓜 • 美国处决无政府主义者萨科和范泽蒂 **文化事件：** • 弗朗西斯·斯科特·菲茨杰拉德：《了不起的盖茨比》 • 爵士乐兴起，第一部有声电影出现

亚洲、非洲和大洋洲

1900—1913	1914—1918	1919—1928
亚洲 • 中国义和团起义被镇压 • 日俄战争：日本取得朝鲜半岛和中国东北地区控制权 • 土耳其青年革命 • 意大利—土耳其战争 • 中华民国成立 **非洲** • 法德矛盾引发的两次摩洛哥危机	**亚洲** • 协约国军队在达达尼尔海峡遭遇穆斯塔法·凯末尔领导的土耳其军队的抵抗 • 法国和英国签订《赛克斯一皮科协定》，瓜分奥斯曼帝国亚洲部分 • 巴尔福宣言支持巴勒斯坦成为"犹太人民的国家家园" • 土耳其签署停战协议 **非洲** • 英国宣布埃及为其保护国 • 土耳其宣战	**亚洲** • 《塞夫勒条约》签署，奥斯曼帝国只保留安纳托利亚部分的领土 • 中国共产党成立 • 穆斯塔法·凯末尔驱逐小亚细亚的希腊人。苏丹国制度被废除，奥斯曼帝国终结 • 《洛桑条约》：土耳其重新获得安纳托利亚和达达尼尔海峡的控制权 • 中国国民党与共产党决裂 **非洲** • 阿努瓦勒战役：阿卜杜克里姆在摩洛哥南部的里夫人大败西班牙殖民者

1929—1932

- 《杨格计划》:"一战"后德国支付赔款计划
- 法国军队提前撤出莱茵区。在德国国会,社会主义德国工人党的议员人数从 12 人增加到 107 人
- 西班牙共和国宣告成立。奥地利和德国经济崩溃
- 德国失业率高达 44%。社会主义德国工人党成为德国最大的政党

文化事件:
- 詹姆斯·乔伊斯:《尤利西斯》
- 埃里希·玛丽亚·雷马克:《西线无战事》
- 西格蒙德·弗洛伊德:《文明及其缺憾》

1933—1939

- 西班牙战争。罗马—柏林轴心形成
- 奥地利附庸第三帝国
- 《慕尼黑协定》
- 《德苏协定》。波兰战役,第二次世界大战开始

文化事件:
- 约翰·梅纳德·凯恩斯:《就业、利息与货币通论》
- 毕加索:《格尔尼卡》

1940—1945

- 德国在欧洲的闪电战:只有英国反击
- 希特勒入侵苏联,与美国开战
- 斯大林格勒战役。墨索里尼倒台
- 苏联在东部发起进攻。盟军登陆诺曼底
- 雅尔塔会议
- 纽伦堡审判开始

文化事件:
- 让·保罗·萨特:《存在与虚无》

1929—1932

- 经济大萧条开始
- 两场政变,巴西热图里奥·瓦加斯和阿根廷约塞费利克斯·乌里布鲁上台
- 拉斐尔·特鲁希略在多米尼加共和国进行独裁统治
- 美国失业率达到 25%
- 玻利维亚和巴拉圭争夺格兰查科北部地区:查科战争

文化事件:
- 第一届奥斯卡颁奖典礼
- 纽约现代艺术博物馆开幕

1933—1939

- 罗斯福新政:罗斯福在 1936 年、1940 年和 1944 年连任美国总统
  - 美国废除禁酒令
  - 拉萨罗·卡德纳斯任墨西哥总统:土地改革和石油国有化
  - 《瓦格纳法案》承认美国的劳工和工会权利;美国第一部社会保障法颁布

文化事件:
- 《超人》系列出版
  - 约翰·斯坦贝克:《愤怒的葡萄》

1940—1945

- 美国《租借法案》,偏袒英国利益
- 美国对日本实施经济封锁。日本偷袭珍珠港,与美国开战
- 布雷顿森林会议:国际货币基金组织成立
- 旧金山会议:签署《联合国宪章》

文化事件:
- 欧内斯特·海明威:《丧钟为谁而鸣》
- 查尔斯·卓别林:《大独裁者》
- 奥森·威尔斯:《公民凯恩》

1929—1932

亚洲
- 法属印度支那反殖民起义
- 日本占领中国东北地区,建立傀儡政权
- 毛泽东、朱德、周恩来在江西成立中华苏维埃共和国
- 日本首相犬养毅被暗杀,日本政府被军方控制

非洲
- 埃塞俄比亚皇帝海尔·塞拉西领导抗意战争

1933—1939

亚洲
- 毛泽东成为中国共产主义运动的领袖
- 日本和德国签订《反共产主义协定》,1937 年,意大利加入此条约
- 日本入侵中国:国民党和共产党宣布联合抗日

非洲
- 意大利征服埃塞俄比亚

1940—1945

大洋洲
- 日本袭击珍珠港,入侵欧洲和北美在亚洲和太平洋的飞地
- 日本在珊瑚海和中途岛战败;美国进攻太平洋
- 美国占领瓜达尔卡纳尔岛

亚洲
- 美国在广岛和长崎投放原子弹。日本投降

非洲
- 英国在阿拉曼战役中打败德国

国家领导人和政府首脑

德国

德意志帝国
皇帝

威廉二世（Guillaume II）	1888—1918

总理

特奥巴登·冯·贝特曼·霍尔维格	
（Theobald von Bethmann-Hollweg）	1909—1917
乔治·米夏埃利斯（Georg Michaelis）	1917
乔治·冯·赫特林伯爵（Comte Georgvon Hertling）	1917—1918
马克西米连·巴登亲王（Prince Maximiliende Bade）	1918
弗里德里希·艾伯特（Friedrich Ebert）	1918

魏玛共和国
联邦总统

弗里德里希·艾伯特（Friedrich Ebert）	1919—1925
保罗·冯·兴登堡（Paul von Hindenburg）	1925—1934

总理

弗里德里希·艾伯特（Friedrich Ebert）	1918—1919
菲利普·谢德曼（Philipp Scheidemann）	1919
古斯塔夫·鲍尔（Gustav Bauer）	1919—1920
赫尔曼·穆勒（Hermann Müller）	1920
康斯坦丁·费伦巴赫（Konstantin Fehrenbach）	1920—1921
约瑟夫·维尔特（Joseph Wirth）	1921—1922
威廉·古诺（Wilhelm Cuno）	1922—1923
古斯塔夫·施特雷泽曼（Gustav Stresemann）	1923
威廉·马克思（Wilhelm Marx）	1923—1925
汉斯·路德（Hans Luther）	1925—1926
威廉·马克思（Wilhelm Marx）	1926—1928
赫尔曼·穆勒（Hermann Müller）	1928—1930
海因里希·布吕宁（Heinrich Brüning）	1930—1932
弗朗茨·冯·帕彭（Franz von Papen）	1932
库尔特·冯·施莱谢尔（Kurtvon Schleicher）	1932—1933
阿道夫·希特勒（Adolf Hitler）	1933—1934

德意志第三帝国
国家领袖

阿道夫·希特勒（Adolf Hitler）	
（德国元首，德文"Führer"）	1934—1945
卡尔·邓尼茨（Karl Dönitz）	1945

总理

阿道夫·希特勒（Adolf Hitler）	
（德文"Führer"）	1934—1945
约瑟夫·戈培尔（Joseph Goebbels）	1945
路德维希·什未林·冯·科洛希克伯爵	
（Comte Lutz Schwerin von Krosigk）	1945

奥匈帝国

奥匈帝国皇帝

弗朗茨·约瑟夫一世（François-Joseph I）	1848—1916
卡尔一世（Charles I）	1916—1918

奥地利

共和国联邦总统

阿卡尔·塞茨（Karl Seitz）	1919—1920

迈克尔·海尼施（Michael Hainisch）	1920—1928
威廉·米克拉斯（Wilhelm Miklas）	1928—1938
（德奥合并，德文"Anschluss"，奥地利并入德意志第三帝国）	

总理

卡尔·伦纳（Karl Renner）	1918—1920
米夏尔·麦尔（Michael Mayr）	1920—1921
约翰·绍贝尔（Johann Schober）	1921—1922
瓦尔特·布赖斯基（Walter Breisky）	1922
约翰·绍贝尔（Johann Schober）	1922
伊格纳茨·塞贝尔（Ignaz Seipel）	1922—1924
鲁道夫·拉默克（Rudolf Ramek）	1924—1926
伊格纳茨·塞贝尔（Ignaz Seipel）	1926—1929
恩斯特·斯特列鲁维茨（Ernst Streeruwitz）	1929
约翰·绍贝尔（Johann Schober）	1929—1930
卡尔·沃冈（Carl Vaugoin）	1930
奥托·恩德尔（Otto Ender）	1930—1931
卡尔·布雷施（Karl Buresch）	1931—1932
恩格尔伯特·陶尔斐斯（Engelbert Dolfuss）	1932—1934
库尔特·许士尼格（Kurt Schuschnigg）	1934—1938
阿图尔·赛斯—英夸特（Arthur Seyss-Inquart）	1938

法国

法兰西第三共和国
共和国总统

雷蒙·普恩加莱（Raymond Poincaré）	1913—1920
保罗·德夏内尔（Paul Deschanel）	1920
亚历山大·米勒兰（Alexandre Millerand）	1920—1924
加斯东·杜梅阁（Gaston Doumergue）	1924—1931
保罗·杜美（Paul Doumer）	1931—1932
阿尔贝·勒布伦（Albert Lebrun）	1932—1940

部长会议主席

加斯东·杜梅阁（Gaston Doumergue）	1913—1914
亚历山大·里博（Alexandre Ribot）	1914
勒内·维维亚尼（René Viviani）	1914—1915
阿里斯蒂德·白里安（Aristide Briand）	1915—1917
亚历山大·里博（Alexandre Ribot）	1917
保罗·潘勒韦（Paul Painlevé）	1917
乔治·克里孟梭（Georges Clemenceau）	1917—1920
亚历山大·米勒兰（Alexandre Millerand）	1920
乔治·莱格（Georges Leygues）	1920—1921
阿里斯蒂德·白里安（Aristide Briand）	1921—1922
雷蒙·普恩加莱（Raymond Poincaré）	1922—1924
弗雷德里克·弗朗索瓦·马绍尔（Frédéric François-Marsal）	1924
爱德华·赫里欧（Édouard Herriot）	1924—1925
保罗·潘勒韦（Paul Painlevé）	1925
阿里斯蒂德·白里安（Aristide Briand）	1925—1926
爱德华·赫里欧（Édouard Herriot）	1926
雷蒙·普恩加莱（Raymond Poincaré）	1926—1929
阿里斯蒂德·白里安（Aristide Briand）	1929
安德里·塔尔迪厄（André Tardieu）	1929—1930
卡米耶·肖当（Camille Chautemps）	1930
安德里·塔尔迪厄（André Tardieu）	1930
特奥多尔·斯梯格（Théodore Steeg）	1930—1931
皮埃尔·赖伐尔（Pierre Laval）	1931—1932
安德里·塔尔迪厄（André Tardieu）	1932
爱德华·赫里欧（Édouard Herriot）	1932
约瑟夫·保罗·邦库尔（Joseph Paul-Boncour）	1932—1933
爱德华·达拉第/阿尔贝特·萨罗	
（Édouard Daladier /Albert Sarraut）	1933

卡米耶·肖当（Camille Chautemps） 1933—1934
爱德华·达拉第（Édouard Daladier） 1934
加斯东·杜梅阁（Gaston Doumergue） 1934
皮埃尔-埃蒂安·弗朗丹（Pierre-Étienne Flandin） 1934—1935
费尔南·布伊松（Fernand Bouisson） 1935
皮埃尔·赖伐尔（Pierre Laval） 1935—1936
阿尔贝特·萨罗（Albert Sarraut） 1936
莱昂·布鲁姆（Léon Blum） 1936—1937
卡米耶·肖当（Camille Chautemps） 1937—1938
莱昂·布鲁姆（Léon Blum） 1938
爱德华·达拉第（Édouard Daladier） 1938—1940
保罗·雷诺/菲利普·贝当（Paul Reynaud /Philippe Pétain） 1940

法兰西国（维希法国）

国家领袖
菲利普·贝当（Philippe Pétain） 1940—1944

英国

君主
乔治五世（George V） 1910—1936
爱德华八世（Édouard VIII）（未加冕） 1936
乔治六世（George VI） 1936—1952

首相
赫伯特·亨利·阿斯奎斯（Herbert Henry Asquith） 1908—1916
大卫·劳合·乔治（David Lloyd George） 1916—1922
安德鲁·博纳·劳（Andrew Bonar Law） 1922—1923
斯坦利·鲍德温（Stanley Baldwin） 1923—1924
拉姆齐·麦克唐纳（James Ramsay MacDonald） 1924
斯坦利·鲍德温（Stanley Baldwin） 1924—1929
拉姆齐·麦克唐纳（James Ramsay MacDonald） 1929—1935
斯坦利·鲍德温（Stanley Baldwin） 1935—1937
内维尔·张伯伦（Neville Chamberlain） 1937—1940
温斯顿·丘吉尔（Winston Churchill） 1940—1945
克莱门特·艾德礼（Clement Attlee） 1945—1951

意大利

意大利王国
君主
维克多·伊曼纽尔三世（Victor-Emmanuel III） 1900—1946

总理
乔瓦尼·乔利蒂（Giovanni Giolitti） 1911—1914
安东尼奥·萨兰德拉（Antonio Salandra） 1914—1916
保洛·博赛利（Paolo Boselli） 1916—1917
维托里奥·埃曼努尔·奥兰多
（Vittorio Emanuele Orlando） 1917—1919
弗朗西斯科·萨维里奥·尼蒂
（Francesco Saverio Nitti） 1919—1920
乔瓦尼·乔利蒂（Giovanni Giolitti） 1920—1921
伊万诺埃·博诺米（Ivanoe Bonomi） 1921—1922
路易吉·法塔克（Luigi Facta） 1922
贝尼托·墨索里尼（Benito Mussolini）
（法西斯领袖，意大利文"Duce"） 1922—1943
佩特罗·巴多格里奥（Pierto Badoglio） 1943—1944
伊万诺埃·博诺米（Ivanoe Bonomi） 1944—1945

意大利社会共和国
政府领袖（意大利文"Duce"）兼首脑
贝尼托·墨索里尼（Benito Mussolini） 1943—1945

俄罗斯

俄罗斯帝国
沙皇
尼古拉二世（Nicolas II） 1894—1917

临时政府部长主席
格奥尔基·叶夫根耶维奇·李沃夫亲王（Prince GueorguiY.Lvov） 1917
亚历山大·克伦斯基（Aleksandr Kerenski） 1917

苏维埃俄国
国家领导人
全俄罗斯苏维埃代表大会中央执行委员会主席
列夫·加米涅夫（Lev Kamenev） 1917
亚科夫·斯维尔德洛夫（Iakov Sverdlov） 1917—1919
米哈伊尔·弗拉基米尔斯基（Mikhaïl Vladimirski） 1919
米哈伊尔·伊万诺维奇·加里宁（Mikhaïl I.kalinine） 1919—1922

苏联中央执行委员会
（该委员会由4位成员组成，这些成员在1922年至1938年间共同行
驶主席权力）

苏联中央执行委员会主席
米哈伊尔·伊万诺维奇·加里宁（Mikhaïl I.kalinine） 1938—1946

政府首脑
俄罗斯苏维埃联邦社会主义共和国人民委员会主席
弗拉基米尔·伊里奇·乌里扬诺夫（即列宁）
（Vladimir Ilitch Oulianov, Lénine） 1917—1923

苏联人民委员会主席
列宁（Lénine） 1923—1924
阿列克谢·李可夫（Aleksei Rykov） 1924—1930
维亚切斯拉夫·莫洛托夫（Viatcheslav Molotov） 1930—1941
维萨里奥诺维奇·朱加什维利（即约瑟夫·斯大林）
（Iossif Vissarionovitch Djougachvili, Joseph Staline） 1941—1946

苏联部长会议主席
约瑟夫·斯大林（Joseph Staline） 1946—1953

实权领袖
约瑟夫·斯大林（Joseph Staline）
（担任苏联共产党中央委员会总书记） 1922—1952

美国

总统
威廉·麦金莱（William McKinley）（共和党） 1897—1901
西奥多·罗斯福（Theodore Roosevelt）（共和党） 1901—1909
威廉·H.塔夫托（William H.Taft）（共和党） 1909—1913
伍德罗·威尔逊（Woodrow Wilson）（民主党） 1913—1921
沃伦·G.哈丁（Warren G.Harding）（共和党） 1921—1923
卡尔文·柯立芝（Calvin Coolidge）（共和党） 1923—1929
赫伯特·C.胡佛（Herbert C.Hoover）（共和党） 1929—1933
富兰克林·D.罗斯福（Franklin D.Roosevelt）（民主党） 1933—1945
哈里·S.杜鲁门（Harry S.Truman）（民主党） 1945—1953

日本

天皇
嘉仁（大正天皇）（Yoshihito,Empereur Taisho） 1912—1926
裕仁（昭和天皇）（Hirohito,Empereur Showa） 1926—1989

NATIONAL
GEOGRAPHIC

图书在版编目（CIP）数据

世界大战 /美国国家地理学会编著；邵倩兰，刘晓云译-- 北京：现代出版社，2020.8
（美国国家地理全球史）
ISBN 978-7-5143-8417-8

Ⅰ.①世… Ⅱ.①美… ②邵… ③刘… Ⅲ.①第一次世界大战－历史②第二次世界大战－历史 Ⅳ.①K143②K152

中国版本图书馆CIP数据核字（2020）第048807号

版权登记号：01-2020-2646

© RBA Coleccionables, S. A. 2013

© Of this edition: Modern Press Co., Ltd.2020

NATIONAL GEOGRAPHIC及黄框标识，是美国国家地理学会官方商标，未经授权不得使用。
由北京久久梦城文化发展有限公司代理引进

世界大战（美国国家地理全球史）

编 著 者：美国国家地理学会

译　　者：邵倩兰　刘晓云

策划编辑：吴良柱

责任编辑：张　霆　哈　曼

内文排版：北京锦创佳业文化传播有限公司

出版发行：现代出版社

通信地址：北京市安定门外安华里504 号

邮政编码：100011

电　　话：010-64267325　64245264（兼传真）

网　　址：www.1980xd.com

电子邮箱：xiandai@vip.sina.com

印　　刷：固安兰星球彩色印刷有限公司

开　本：710mm*1000mm 1/16

印　张：13.25　　　字　数：193千

版　次：2020年8月第1版　　印　次：2023年5月第2次印刷

书　号：ISBN 978-7-5143-8417-8

定　价：68.00元